Christophe André

Das kleine Buch der Achtsamkeit

Aus dem Französischen von
Katja Hald

Die französische Ausgabe erschien 2012 unter dem Titel
»Sérénité. 25 histoires d'équilibre intérieur« bei Editions Odile Jacob, Paris.

Verlagsgruppe Random House FSC® N001967
Das für dieses Buch verwendete FSC®-zertifizierte Papier
Tauro liefert Papier Union.

1. Auflage
Deutsche Erstausgabe
© 2013 der deutschsprachigen Ausgabe
Kailash Verlag, München
in der Verlagsgruppe Random House GmbH
© 2012 Editions Odile Jacob
Lektorat: Birgit Groll
Umschlaggestaltung: ki 36, Sabine Krohberger Editorial Design, München
Illustration: Franziska Misselwitz
Satz: EDV-Fotosatz Huber/Verlagsservice G. Pfeifer, Germering
Druck und Bindung: Těšínská Tiskárna A.S., Český Těšín
Printed in Czech Republic
ISBN 978-3-424- 63083-1
www.kailash-verlag.de

Inhalt

Innere Ausgeglichenheit am Beispiel einer Küchenfliege

Bsssssssssssss ...

Alles begann mit dem Summen einer Fliege. Normalerweise nervt dich dieses Geräusch, aber in diesem Moment nicht: vielmehr beruhigt es dich. Es ist einfach Teil des Lebens. Genauso wie die kleine Wolke, die am Himmel vorüberzieht, oder die Krümel auf dem Tisch in der nun menschenleeren Küche. Es ist ein Sommernachmittag in den Ferien, die einen halten ein Mittagsschläfchen, andere sind zu einem Spaziergang aufgebrochen. Du bist im Haus geblieben, um zu schmökern und einfach nichts zu tun. Gerade bist du in die Küche gekommen. Du schaust dich um, lauschst der Stille, einer belebten Stille: dem Ticken der Wanduhr, dem Brummen des alten Kühlschranks. Und der Fliege.

Ihr Summen ist noch ein paar Sekunden zu hören, dann verstummt es. Das Tier hat den Ausgang gefunden. Nun breitet sich eine noch größere Stille aus, und es entsteht eine merkwürdige Stimmung. Wie nennt man das doch gleich, dieses angenehme Gefühl ohne besondere Ursache? Die Gewissheit, dass alles am rechten Platz ist und es dir an überhaupt nichts fehlt? Ist das innere Ausgeglichenheit?

Ja, genau das ist es. Ein unglaublich angenehmes Gefühl. Es fühlt sich ein bisschen anders an als Glück. Dabei geht es nicht um Befriedigung oder Vollkommenheit. Auch nicht um Freude, denn es ist nicht verbunden mit Überschwang, der Lust aufzuspringen, zu singen, jemandem um den Hals zu fallen. Nein, es ist einfach nur die Wahrnehmung, dass du mit der Welt im Einklang bist. Diese Empfindung kommt sowohl von innen als auch von außen, sie betrifft den Körper und die Seele. In *Das Buch der Unruhe des Hilfsbuchhalters Bernardo Soares* schreibt Fernando Pessoa in einer wunderbaren Passage: »Wie ein nutzloser Gegenstand sinkt eine tiefe Ruhe sanft in das Innerste meines Daseins hinab.«

Du hast das Bedürfnis, innezuhalten und den Moment auszukosten. Diese ruhige, gelassene Sicherheit. Die Schranken zwischen dir und der Welt sind für einen Moment aufgehoben: Es gibt keine Grenzen mehr, nur noch Verbundenheit. Dir fehlt es an nichts, du hast vor nichts mehr Angst. Keine Bedürfnisse mehr, alles ist da, längst da. Es ist, als würde ein Engel vorüberfliegen.

Du spürst, dass dies ein besonderer Moment ist. Und du verweilst noch ein bisschen darin. Hältst, so gut du kannst, fest an diesem Moment, der langsam zerrinnt. Nur spüren und empfinden, nicht denken, nicht analysieren. Und natürlich nicht bewegen, einfach nichts tun. Nur atmen und schauen. Nichts hat sich verändert, alles ist wie immer. Auch du bist wie immer. Wäre da nicht ... Etwas Unerklärliches ist geschehen. Du spürst einen Hauch von Ewigkeit, der wahrscheinlich nicht lange anhalten wird. Aber du genießt jede Sekunde.

Bsssssss ... Ach, da ist sie ja wieder, die Fliege. Stimmen kommen näher. Gleich wird man wieder zu anderen Dingen übergehen. Auch das wird angenehm sein, aber anders. Nicht so ätherisch, nicht so überirdisch. Du kehrst in deine gewohnte Welt zurück (die du natürlich auch liebst). Christian Bobin, ein geistreicher und empfindsamer Dichter, schrieb einmal: »In jeder Sekunde betreten oder verlassen wir das Paradies.« Das trifft es genau. In ein paar Sekunden wirst du das Paradies wieder verlassen. Ohne Reue. War es doch schön, ein bisschen davon genießen zu können! Und du weißt, dass du dorthin zurückkehren wirst …

1. Innere
Ausgeglichenheit

Es gibt Tage, an denen deine Seele ausgeglichen ist: Du fühlst dich angenehm wohl. In dir ist alles klar und ruhig. Du fühlst dich vollständig. Es fehlt dir an nichts, an absolut gar nichts. Alles, was du brauchst, ist da. Und daran begeistert dich am meisten, dass dieses »alles, was du brauchst« sich auf fast nichts begrenzt: Du möchtest einfach nur spüren, dass du atmest, lebst. Das schlichte, archaische Gefühl am Leben zu sein. Die allumfassende Empfindung, ein Teil der Welt zu sein. Wie ein stiller See, ein unbeweglicher Berg, eine laue Brise. Du musst dir nicht einmal mehr sagen, dass das Leben schön ist oder gut. In diesem Moment ist es einfach so, und du spürst das ganz tief in deinem Inneren, ohne Worte. Körper und Geist sind in Einklang. Das passiert dir natürlich nicht jeden Tag, aber du sagst dir, wenn du öfter so empfinden könntest, wäre das höchst interessant ...

Innere Ausgeglichenheit entsteht einerseits aus einer momentanen Ruhe heraus, andererseits ist man auch im Frieden mit der eigenen Vergangenheit und hat Vertrauen in die Zukunft. Sie ist die Quelle eines Gefühls der Kohärenz, der Akzeptanz und der Kraft, dem, was kommt, entgegenzutreten. Aus diesem Grund ist Ausgeglichenheit auch mehr als nur innere Ruhe, so wie Glück mehr ist als Wohlbefinden.

Innere Ausgeglichenheit definiert sich durch die Abwesenheit innerer Unruhe und durch geistigen Frieden. Sie ist wie ein klarer, wolkenloser Himmel. Kann es das geben, dass unser Geist »klar und wolkenlos« ist? Ohne schmerzliche oder negative

Gedanken, nur Frieden? Unter besonders günstigen Voraussetzungen geschieht das manchmal. Zum Beispiel an einem friedlichen Sommermorgen, wenn die Luft mild ist und die Sonne uns angenehm wärmt, ohne auf der Haut zu brennen, und die einzigen wahrnehmbaren Geräusche aus der Natur kommen. Wir spüren, dass unser Atem ruhig ist und unser Geist ebenso. Alles ist in Einklang. In all dieser Langsamkeit und Sanftheit entsteht ein friedliches Gefühl, das alles, was geschieht, synchronisiert: Geräusche, Farben, unsere Atmung, unseren Herzschlag und die vorbeiziehenden Gedanken. Langsam entsteht eine innere Ausgeglichenheit. Diese Stimmung wird nicht anhalten, das ist uns bewusst. Und dennoch ist das Gefühl gleichermaßen angenehm und intensiv.

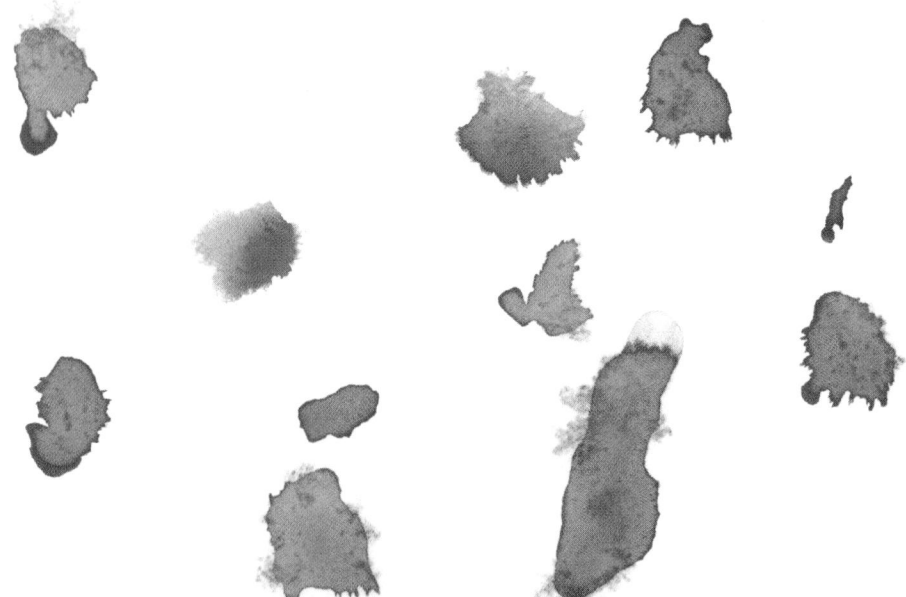

Diese Momente der inneren Ausgeglichenheit geben unserem Leben Sinn und Tiefe.

Sie beruhigen uns und schenken uns neue Energie. Aus ihnen schöpfen wir alle Kraft und Ruhe, die wir für unser künftiges Handeln brauchen. Und in Krisenzeiten erinnern wir uns an diese Augenblicke, um die Dinge im rechten Licht zu sehen, uns zu beruhigen und wieder Hoffnung zu schöpfen. Alles geht vorüber, sicherlich. Aber es wird sich auch alles wiederholen.

Können wir nicht lernen, diese Augenblicke innerer Ausgeglichenheit öfter zu erleben?

2. Die Seele und ihre Stimmungen

Seit einiger Zeit hast du immer wieder das Gefühl, dass deine Seele tiefer atmet, lebendiger ist. Ist das ein Zeichen, dass du bald stirbst? Oder erwachsener wirst? Oder älter? Du weißt immer noch nicht, was das eigentlich ist, »deine Seele«, aber auf eine verwirrende Art spürst du, dass sie existiert. Und du weißt auch, dass dein Leben zugleich sensibel und ausgeglichen sein kann. Schon als kleiner Junge warst du sensibel. Kleinigkeiten haben dich berührt, dir einen Schock versetzt oder Verzückung in dir ausgelöst: eine Geste, ein Wort, ein trauriges Gesicht, das Vorbeiziehen einer Wolke oder das Geräusch des Windes. Diese emotionalen Ausrutscher waren dir lange Zeit unangenehm. Du hättest dir gewünscht, weniger sensibel und dafür ausgeglichener zu sein. Also hast du versucht, dich vor der Welt zu schützen: Momente innerer Ausgeglichenheit schienen dir hierbei der passende Rückzugsort zu sein.

Nach und nach haben wir jedoch gelernt, all diese Situationen, die uns berühren und aufwecken, zuzulassen. Genauso wie all die Stimmungen, glückliche und schmerzliche, die in solchen Momenten entstehen und dann in uns nachwirken. Unsere Stimmungen sind das, was in uns zurückbleibt, wenn der Zug des Lebens vorbeigefahren ist. Heute hast du endlich Folgendes begriffen und akzeptiert: Unsere Stimmungen sind der lebendige Ausdruck unserer Beziehung zur Welt.

Sich für die eigenen Stimmungen zu interessieren, ist nicht nur eine *egozentrische Macke.* Die Seele wird als das bezeichnet, »was empfindsamen Wesen innewohnt«, man könnte auch sagen: was in lebendigen Wesen wirkt. Sie erlaubt es uns, über unsere Intelligenz hinauszugehen oder sie zumindest in eine andere Richtung zu lenken. Mit unserem Geist und unserer Intelligenz können wir die Welt gedanklich erfassen. Unsere Seele hilft uns, sie zu spüren und voll und ganz in ihr zu leben.

Bis ins allerkleinste Detail sind unsere Stimmungen das Ergebnis unserer Wahrnehmung der Welt und vergrößern somit unsere Lebenserfahrung. Die kleinen Dinge des Lebens lösen keine starken Emotionen aus, sondern resultieren in Stimmungen. Denken Sie an kleine Szenen, die Sie auf der Straße beobachten können: ein Kind, das weint, das Elend eines Bettlers, der seinen Rausch ausschläft, ein Paar, das sich streitet. All diese kleinen Begebenheiten können – wenn Sie ihnen Beachtung schenken – in Ihnen eine trübe Stimmung auslösen, obwohl sie keinerlei Einfluss auf den weiteren Verlauf Ihres Tages und Ihres Lebens haben. Oberflächlich betrachtet haben solche Ereignisse keine spürbaren Auswirkungen für uns, in unserem Inneren können sie jedoch noch lange präsent bleiben, und wer weiß, wohin sie uns führen werden?

Oft sind Stimmungen das, was uns einzigartig macht. Mehr noch als unsere Emotionen. Im Theater oder Kino zum Beispiel erzeugt das Gezeigte oft starke, beabsichtigte und besondere Reaktionen, die bei allen Zuschauern ungefähr gleich sind. Man spricht hier von Emotionen. Wenn wir aber nach der Vorstellung den Saal verlassen, tauchen in uns komplexe Gedanken, Empfindungen und Erinnerungen auf, die ebenfalls durch das hervorgerufen werden, was wir gemeinsam gesehen und erlebt haben. Diese Empfindungen sind jedoch von Zuschauer zu Zuschauer verschieden. Sie sind verschwommener, gedämpfter, zurückhaltender und individuell unterschiedlich: Das sind Stimmungen. Diskreter, komplizierter, persönlicher …

 Keine Stimmungen zu haben läuft also darauf hinaus, die eigene Menschlichkeit auszuklammern.

Menschen, die behaupten, keine Stimmungen zu haben, sollten wir misstrauen. Außerdem ist es unmöglich, keine zu haben. Wir können sie nur unterdrücken, verbergen oder leugnen. Das bedeutet aber, dass wir die eigene Menschlichkeit abstreiten und uns auf diese Weise dessen berauben, was möglicherweise das Beste am Menschsein ist: das eigene Seelenleben. Es ist die Notwendigkeit »des Spürens« gegenüber »dem Begreifen«, des Wissens aus Erfahrung gegenüber dem Wissen durch Erkenntnis, die uns dazu veranlassen sollte, unsere Stimmungen zu akzeptieren, zu beobachten und zu lieben. Nutzen wir also jedes Mittel, das uns hilft, diese komplizierte Welt zu erkennen und uns Zugang zu ihr zu verschaffen.

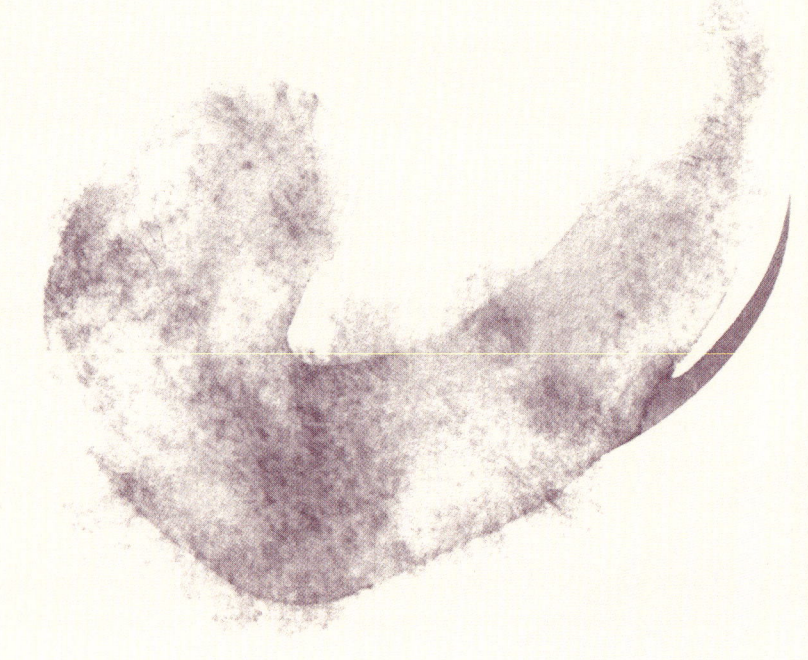

3. *Positive Stimmungen*

Du fühlst dich vollkommen wohl: Zwischen dir und den Menschen, die du liebst, ist alles in Ordnung, das Wetter ist schön und mild, die Meldungen des Tages sind ohne Katastrophen, Kriege und Anschläge. In solchen Momenten fällt dir wieder ein, wie du jemandem etwas Gutes getan hast, und auch, wie man dir Gutes getan hat. Du freust dich darüber und siehst es als eine Chance für dich, nicht als eine Schuld, die du begleichen musst. Du hast das Gefühl neugieriger, wohlwollender, geduldiger und klüger geworden zu sein. Du fühlst dich stark und sicher und folglich auch fähiger, zu lieben, zu denken, zu geben und zu handeln. Das ist gute Laune: der Antrieb, Gutes zu tun. In solchen Momenten sagst du dir: So möchte ich sein. Oder besser: Du hast das Gefühl, du selbst zu sein. In Situationen, die von Kampf oder Schmerz bestimmt sind, in denen du dich hinter deiner Verteidigungsmauer verschanzt hast und mit dem Leben auf Kriegsfuß stehst, hast du nie das Gefühl, du selbst zu sein. Nein, gut gelaunt zu sein entspricht dir mehr ...

Gute Laune, Freude, innere Ausgeglichenheit, Zuversicht, Sympathie, Selbstachtung und so weiter – einmal abgesehen von den angenehmen Aspekten, die sie zweifelsohne haben, was bringen uns eigentlich unsere positiven Stimmungen?

Zuallererst ermöglichen sie uns eine bessere Selbstkontrolle: das heißt, sie helfen uns, Verhaltensweisen einzuleiten, die eine sofortige Anstrengung erfordern, aber erst später positive Auswirkungen zeigen. Das sind zum Beispiel Aktivitäten, zu denen wir uns heute zwingen müssen (eine Diät einhalten, Sport treiben), um in Zukunft gesünder zu sein. Dies ist, zumindest teilweise, auch der Grund, warum depressive Neigungen und Angstzustände oft mit einem »ungesunden Lebenswandel« einhergehen (mehr Alkohol- und Nikotinkonsum, weniger körperliche Bewegung), oder weshalb Menschen, die eine Diät oder einen Alkohol- oder Nikotinentzug machen, so anfällig für Stimmungsschwankungen sind. Sehr viele Rückfälle sind auf depressive Stimmungen oder Stress zurückzuführen.

Positive Stimmungen erleichtern es uns auch, Ziele besser einzuschätzen und uns darauf zu konzentrieren: Fühlen wir uns gut, gelingen viele Dinge besser, da wir (unbewusst) darauf bedacht sind, nur solche Vorhaben anzugehen, die auch eine reelle Erfolgschance haben. Menschen, die unter schlechten Stimmungen leiden, riskieren hingegen (wenn sie nicht schon von vornherein das Handtuch werfen), sich Aufgaben vorzunehmen, die ihre Kräfte oder Fähigkeiten übersteigen. Da diese Menschen tendenziell mental unflexibler sind, beharren sie oft zu lange auf einem wenig erfolgversprechenden Weg.

Gute Laune macht uns nicht zwangsläufig taub und blind gegenüber dem, was nicht funktioniert oder was verbessert werden könnte. Sie hindert uns also nicht daran, uns zu entwickeln – ganz im Gegenteil.

Es konnte nachgewiesen werden, dass Personen, die in gute Laune versetzt wurden, aufnahmefähiger für Kritik waren.

Ebenso verleihen uns positive Stimmungen mehr Überzeugungskraft und helfen uns, Dinge, die für uns nützlich sind, besser im Gedächtnis zu behalten. Daher ist es auch so wichtig, während der Arbeit und im Unterricht eine positive emotionale Atmosphäre zu schaffen, wenn wir wollen, dass unsere Ratschläge aufgenommen und umgesetzt werden. Selbst unsere Kreativität wird durch positive Stimmungen gesteigert. Sicher haben Sie auch schon von Studien gehört, die zeigen, dass Künstler oft am Leben leiden. Das Leiden führt jedoch erst dann zu einer gesteigerten Kreativität, wenn wir es überwunden und unsere Fähigkeit, das Leben zu lieben, zurückgewonnen haben; selbst wenn die Liebe zum Leben nicht perfekt, sondern vielleicht etwas unbeholfen ist.

Sollten wir also versuchen, immer guter Laune zu sein? Selbstverständlich ist das Ideal von einer andauernd guten Stimmung weder realistisch noch wünschenswert. Nicht realistisch, da uns das Leben immer wieder mit schmerzhaften und schwierigen Situationen konfrontieren wird: mit großen und kleinen Widrigkeiten, die zwangsweise von negativen Stimmungen begleitet werden. Nicht wünschenswert, weil erst der Schatten dem Licht seine Intensität verleiht. Schatten lassen den Tag in einem helleren Licht erstrahlen. Am Abend oder am Morgen ist das Licht oft zarter und schöner als mitten am Tag. Und genauso verhält es sich auch mit unseren Stimmungen.

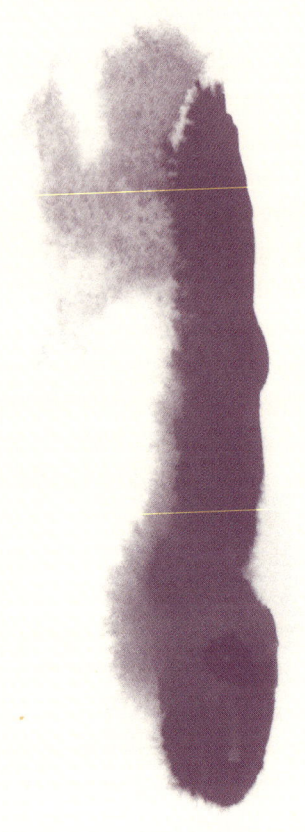

4. Negative Stimmungen

Heute schweben Schlechtwetterwolken über deinem Kopf. Trübsinn, schlechte Laune. Alles nervt dich. Du gehst dir sogar selbst auf die Nerven, weil du irgendwie das Gefühl hast, für deine schlechte Laune selber verantwortlich zu sein. Dabei besteht dein Ärger ja eigentlich nur aus ganz gewöhnlichen Unannehmlichkeiten. Nichts ist wirklich schlimmer als an anderen Tagen. Und trotzdem, alles erscheint dir hässlich und mühsam. Es ist dir einfach alles zu viel. Genau das ist es: Dich quälen zu viele unschöne Kleinigkeiten. Du magst es nicht, wenn du dich so fühlst, diesen Brei aus unverdaulichen negativen Stimmungen in dir spürst. Hoffentlich geht das bald vorüber. Es soll Leute geben, die sich in so etwas einen ganzen Tag lang suhlen oder gar ihr ganzes Leben damit verbringen. Griesgrame, Pessimisten, Misanthropen, Nörgler ... Wie schaffen die es bloß, mit solchen Stimmungen zu leben? Wie verkraften sie diese unerträgliche und verzerrte Weltsicht? Du empfindest ein bisschen Mitleid mit ihnen. Plötzlich fühlst du dich besser, erleichtert. Seltsamerweise erinnert sich dein Körper daran, dass er auch gute Laune kennt. Du hebst den Kopf und schaust zum Himmel hinauf. Es gelingt dir zu lächeln, du musst über dich und deine dumme schlechte Laune lächeln. Na also, es wird vorübergehen. Tief in deinem Inneren weißt du, dass es vorübergehen wird ...

Es fällt uns sehr viel leichter, uns negativen Stimmungen wie Sorgen, Groll, Niedergeschlagenheit oder Hoffnungslosigkeit hinzugeben, als positive Stimmungen zu empfinden. Das beweist allein die Tatsache, dass in allen Sprachen deutlich mehr Worte für negative Stimmungen existieren als für positive.

So ist es nun einmal, aufgrund unserer Gehirnfunktionen müssen wir mit diesem Ungleichgewicht leben. Über Jahrtausende hinweg hat die Evolution unser Gehirn geformt, um unser Überleben zu sichern. Indem wir uns auf Negatives konzentrieren, auf Dinge, die unmöglich sind, die uns bedrohen oder eines Tages bedrohen könnten, vergrößern wir unsere Überlebenschancen. Deshalb stöhnen und leiden wir, wenn das Leben hart ist, aber wir singen nicht, zumindest nicht laut genug, wenn das Leben es gut mit uns meint.

Unangenehme Lebensumstände rufen deutlich mehr negative Stimmungen in uns hervor als angenehme Stimmungen positive. Über den kaputten Heißwasserboiler regen wir uns auf, aber wir freuen uns nicht darüber, dass wir jeden Morgen warm duschen können.

Negative Stimmungen führen dazu, dass wir uns auf Kleinigkeiten fokussieren. Sie veranlassen uns zu Haarspaltereien und lassen uns aus einer Mücke einen Elefanten machen.

Sie unterstützen den Drang, alles genau zu prüfen, insbesondere bei Menschen, die sowieso dazu neigen, penibel oder zwanghaft zu sein, und führen so zu einer Verlangsamung. Einer meiner Patienten erzählte mir einmal, dass er sich in seinen schlechten Momenten »traurig und langsam« fühle. Obwohl man oft das Gegenteil annimmt, bewirken negative Stimmungen, dass man sich weniger um sich selbst und um seine Gesundheit kümmert. Man beschäftigt sich zwar mehr mit seiner Angst vor Krankheiten, tut letztendlich aber weniger für die eigene Gesundheit als fröhlichere Menschen.

Werden wir unter dem Einfluss negativer Stimmungen wie Trauer oder Kummer verführerischen Reizen ausgesetzt, dann neigen wir dazu, diesen leichter nachzugeben. Wir kaufen unnötige Dinge oder konsumieren Lebensmittel und andere Substanzen wie Zucker, Alkohol, Kaffee, Tabak, die uns eine sofortige Stimmungsaufhellung versprechen. Schlechte Stimmungen bergen jedoch auch noch andere Gefahren. Das Prinzip der Selbstheilung ist essenziell für unser inneres Gleichgewicht. Negative Stimmungen verleiten uns jedoch dazu, uns selbst zu bestrafen und so letztendlich alles noch schlimmer zu machen. Sie schließen uns in einen Teufelskreis ein, aus dem wir uns wiederum nur mit Hilfe positiver Stimmungen befreien können. Wenn wir unter depressiven Stimmungen leiden, dürfen wir uns also die kleinen Vergnügungen des Lebens (einen Spaziergang oder ein Treffen mit Freunden) auf keinen Fall versagen. Selbst wenn sie uns nicht sofort in gute Laune versetzen, so verhindern sie zumindest, dass unsere düsteren und schmerzhaften Stimmungen sich ausbreiten und chronisch werden.

5. Positiv denken? Wege zum inneren Gleichgewicht

Als du dich neulich über dein Leben und deine Sorgen beschwert hast, hat dir eine Freundin geraten, du solltest »positiv denken«. Das hat dir überhaupt nicht gepasst. Du wusstest nicht, ob du laut seufzen oder ihr eine Gemeinheit an den Kopf werfen solltest, um sie in ihre Schranken zu weisen. Da du sie gerne magst und dir klar war, dass sie dir nur helfen wollte, hast du dich entschieden, darüber hinwegzusehen und das Thema zu wechseln. Du wolltest zu deinem Kummer nicht auch noch einen Streit haben. Aber mal ehrlich, du bist wirklich allergisch gegen dieses Wort: »positiv«. Genauso wie auf die Begriffe »Herausforderung«, »Leistung«, »Kampfansage« ... Dabei denkst du unweigerlich an muskelbepackte Bodybuilder, die sich in Positur bringen. Das nervt, du findest das dumm und stressig. Natürlich ist es besser, positiv zu denken, aber normalerweise rät man jemandem ja genau in den Momenten, positiv zu denken, in denen er unfähig ist, diesen Rat wirklich zu hören oder anzunehmen. Man sagt es dann, wenn der andere gerade dabei ist, mit aller Gewalt »negativ zu denken«. Wie soll das funktionieren? Woher soll die nötige Ruhe und Gelassenheit kommen? Von dir selbst, aus deinem Inneren? Von deiner Umwelt, von außen? Und wie kannst du sie dir aneignen?

Hier gibt es nur eine Grundregel: DU MUSST NICHT POSITIV DENKEN! Jedenfalls nicht ständig und auch nicht um jeden Preis. Ich bin überzeugt von der Psychologie des Glücks. Als Psychiater ist sie für mich ein interessantes Mittel, Rückfälle bei meinen Patienten zu verhindern. Und als Mensch bin ich natürlich sehr viel lieber glücklich als unglücklich. Keine Frage. Im Allgemeinen mag ich jedoch Slogans wie »Denk positiv!« nicht besonders. Ich rate meinen Patienten niemals, positiv zu denken, zumindest nicht in dieser Form, selbst wenn ich im Grunde davon überzeugt bin, dass man es in gewissem Maße tun sollte und dass Menschen, die es praktizieren, richtigliegen. Die Anweisung, positiv zu denken, stellt uns jedoch vor zwei Schwierigkeiten: 1. Wenn positives Denken bedeutet, die Existenz von Problemen und Leiden zu verneinen, wenn es bedeutet, dass wir ihnen einen Platz in unserem Inneren verweigern, dann ist die Medizin schädlicher als die Krankheit selbst, davon haben wir schon ausführlich gesprochen. 2. Oft wirkt diese Anweisung geradezu naiv. Sosehr mir der Versuch, »sich dem Glück anzunähern«, auch als ein würdevolles und ernsthaftes Unterfangen erscheint, das mit Trauer und Leid durchaus vereinbar ist, so ist doch der Begriff »positiv« ein Allgemeinplatz ohne Würde und ohne Realitätsbezug. Wir sollten also nicht mechanisch und stupide versuchen, positiv zu denken, uns aber auch keinesfalls dem Elend hingeben und das Leid durch unsere Resignation noch vergrößern.

Unsere Stimmungen auszugleichen bedeutet letztendlich nicht, einen gleichbleibenden Gemütszustand anzustreben oder permanent guter Laune zu sein. Das wäre erzwungen und künstlich. Es geht lediglich um den Versuch zu klären, was uns verwirrt, zu relativieren, was uns aufregt, und dem, was falsch läuft, eine neue Richtung zu geben. Insgesamt betrachtet heißt es also, einerseits unsere negativen Stimmungen einzuschränken, wobei wir jedoch keine Angst davor haben sollten, ihnen auch ihren recht-mäßigen Platz in unserem Inneren zuzugestehen. Andererseits können wir lernen, unsere positiven Stimmungen bewusster wahrzunehmen, sie zu genießen und immer wieder aufleben zu lassen, ohne sie jedoch ständig haben zu wollen; das heißt zu begreifen, dass sie nicht gleichbleibend sind.

Nach Ansicht von Forschern und Therapeuten, die sich mit dem Thema des emotionalen Gleichgewichts beschäftigen, ist ein gutes Mischungsverhältnis von Stimmungen mit zwei Dritteln positiver und einem Drittel negativer Stimmungen erreicht. Diese Mischung beinhaltet die Energie der positiven Stimmungen und die Wachsamkeit, die durch die negativen Stimmungen erhalten bleibt.

Wir alle haben schon einmal festgestellt, wie nützlich negative Stimmungen sein können: Unruhe öffnet uns die Augen, Wut treibt uns zum Handeln, Traurigkeit bringt uns zum Nachden-ken, Hoffnungslosigkeit erinnert uns an den Sinn des Lebens. Auch gemischte Stimmungen helfen uns weiter: Schuldgefühle lassen uns unser Verhalten überdenken, Nostalgie veranlasst uns dazu, das Vergangene wertzuschätzen und die schönen Momen-te, die uns noch bevorstehen, bewusst wahrzunehmen. Wenn negative oder gemischte Stimmungen unser Gefühlsleben nicht dominieren, sondern integriert sind in eine Überzahl an positi-ven Stimmungen, ist unser Innenleben sehr viel reicher, als wenn nur eine Seite in uns das Sagen hat, sei es die negative oder die positive.

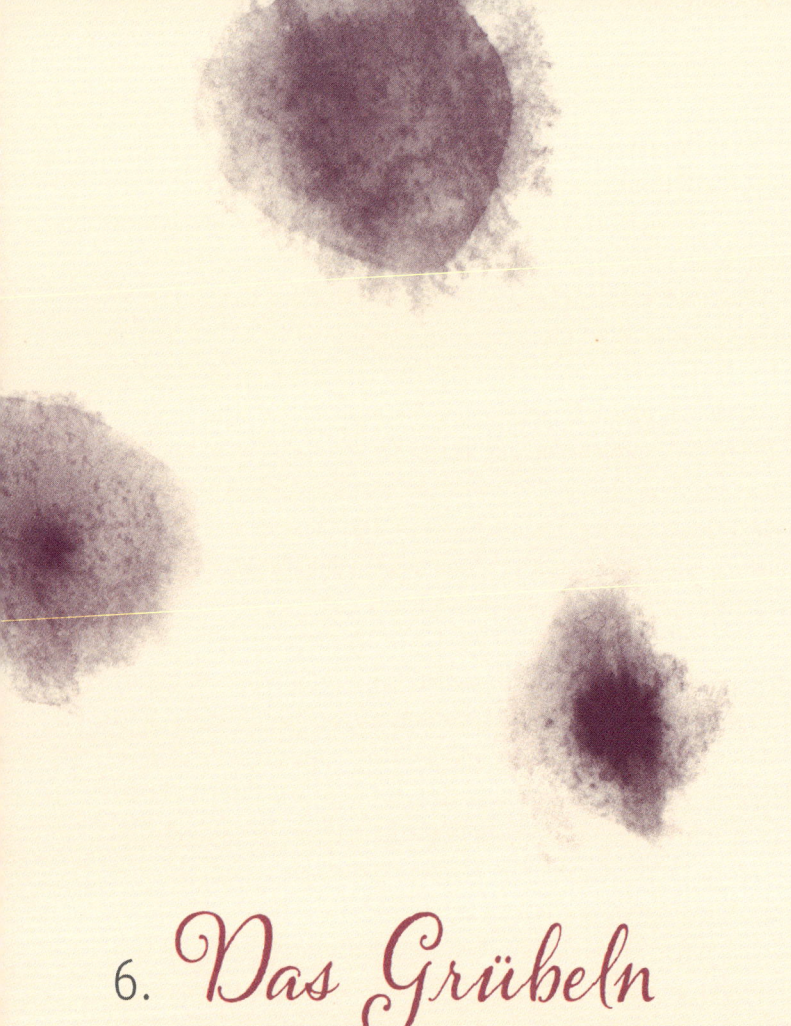

6. Das Grübeln beenden

In letzter Zeit bist du oft verträumt. Abwesend. Weit weg. Dein Körper ist zwar da, und weil du ab und an lächelst oder den Kopf schüttelst, glauben die anderen, dass auch dein Geist anwesend ist. Aber das stimmt nicht, er ist anderswo, absorbiert von deinen Gedanken und Träumen und vor allem von deinen Grübeleien, leider. Du wälzt deinen Ärger und deine Sorgen hin und her, all die kleinen Nichtigkeiten, die dir keine Ruhe lassen. Dein Auto fährt von ganz alleine seinen gewohnten Weg. Du kannst dich nicht einmal mehr daran erinnern, gefahren zu sein. Zu Hause legst du deine Sachen und deine Schlüssel ab, weißt dann aber nicht mehr, wo du sie hingelegt hast. Das ist nicht verwunderlich, du warst ja nicht dabei. Du liest deinem Sohn eine Geschichte vor, aber deine Gedanken schweifen ab, angezogen von »all den Dingen, die du noch erledigen musst«. Du bist wie ein Zombie. Wann beginnst du endlich wieder zu leben?

In Grübeleien versinken – das bedeutet, sich auf die Ursachen, die Bedeutung und die Konsequenzen der eigenen Probleme, auf die eigene Situation und das eigene Befinden zu konzentrieren, wobei sich die Gedanken auf unproduktive Weise im Kreis drehen und ständig wiederholen. Im Englischen verwendet man hierfür auch den Begriff *brooding* (»brüten«). Das ist sehr zutreffend. Wenn man grübelt, ist man inaktiv, sitzt auf seinen Problemen, hält sie schön warm und lässt sie auf diese Weise gedeihen. Oft nehmen wir unsere Grübeleien gar nicht als solche wahr, da wir glauben, wir würden nachdenken. Aber Grübeleien sind keine echten Reflexionen, sie sind unfruchtbar. Es konnte nachgewiesen werden, dass Menschen, die grübeln, sich auf ihre Probleme und deren Konsequenzen konzentrieren, nicht aber auf Möglichkeiten, wie sie die Probleme lösen könnten. Beim Grübeln sind sowohl Ziel als auch Richtung unserer Gedanken falsch: Anstatt über eine geeignete Lösungsstrategie nachzudenken, verschwenden wir unnötig viel Zeit damit, über die Ursachen und eventuelle Konsequenzen unserer Schwierigkeiten nachzugrübeln.

 Grübeleien bringen Leiden, keine Lösungen.

Im Wesentlichen werden Sorgen oder unglückliche Situationen durch das Grübeln zeitlich noch in die Länge gezogen, als wären sie nicht schon unangenehm genug. Sie werden aufgebläht und breiten sich so in unserem gesamten Leben aus: in der Vergangenheit (»das alles ist nur passiert, weil ich nicht das getan habe, was ich hätte tun sollen ...«) und in der Zukunft (»das wird Auswirkungen auf dieses oder jenes haben ...«). Dieser Prozess macht es uns dann unmöglich, das Problem so abzuwägen, wie es die aktuelle Situation erfordern würde. Lassen wir uns zu Grübeleien hinreißen, ist es so, als würden wir uns eine alte Schallplatte mit Sprung anhören. Immer wieder wird dieselbe Stelle abgespielt, aber wir schaffen es weder, die Platte vom Plattenteller zu nehmen, noch den Ton abzustellen oder einfach aus dem Zimmer zu gehen.
Dem ständigen Wiederkäuen düsterer Überlegungen liegt die Überzeugung zugrunde, dass man, um ein Problem zu lösen,

möglichst lange darüber nachdenken muss. Und je länger man nachdenkt, umso bessere Chancen hat man, eine gute Lösung zu finden. Das ist nicht immer richtig. Ein weiterer Aspekt, der das Grübeln problematisch macht, ist die fast an Besessenheit grenzende Neigung, über alles ein Urteil zu fällen und einen Schuldigen oder Verantwortlichen für das Problem zu finden. (Das können andere Personen sein oder auch man selbst.) Probleme werden als Fehler oder Versäumnisse gesehen, und es gilt herauszufinden, wer schuld daran ist. Das ist ebenso nutzlos wie gefährlich.

Grübeleien werden oft mit Trübsinn und Machtlosigkeit in Verbindung gebracht. Da sie lästig sind, neigen wir dazu, sie zu verdrängen. Wir versuchen, an etwas anderes zu denken oder uns anderweitig zu beschäftigen. Die negativen Stimmungen bleiben jedoch im Hintergrund bestehen. Deshalb sind wir nie richtig bei der Sache: weder bei den Dingen, die wir gerade tun, noch bei der Problemlösung. Klarsicht und Effektivität wären in dieser Situation wünschenswert, das heißt, wir sollten uns klar werden, worüber wir genau nachdenken möchten, und das dann auch tun. Genau das ist aber gar nicht so einfach, und manchmal ist es schlichtweg besser, laufen zu gehen, zu schwimmen, Rad zu fahren oder sich im Garten oder in der Werkstatt zu beschäftigen. Dann erscheint gleich alles nicht mehr ganz so schlimm. Beschäftigungen dieser Art können uns zu positiven Gefühlen verhelfen, die uns dann vielleicht auch einer Lösung näher bringen. Sich bewegen, joggen, schreiben, reden: Aktiv werden hilft uns, das Grübeln zu beenden und so zu einer echten Reflexion zurückzukehren. Gehirnabwärts befindet sich nämlich ein Körper, der sein Recht verlangt.

35

7. Tagebuch schreiben

Schon als Teenager hast du Tagebuch geführt. Du hattest damit begonnen, in regelmäßigen Abständen Eintragungen zu machen. Meist hat es dich besonders nach der Lektüre eines mehr oder weniger autobiographischen Buchs gepackt. Vage erinnerst du dich an den Drang zu schreiben, den du verspürtest, nachdem du Chateaubriands Erinnerungen von jenseits des Grabes *(Pflichtlektüre im Französischunterricht), de Vallés* Das Kind *oder* Der Ruhm meines Vaters *von Pagnol gelesen hattest.*

Du hast dir dann immer sofort ein Schulheft geschnappt und dich ins Schreiben gestürzt. Nach jedem Eintrag hast du es unter dem Durcheinander von Büchern und Schulsachen, zwischen Klassenarbeiten und Schmierzetteln, ganz unten in einer Schublade versteckt. Nie hast du eines dieser Tagebücher zu Ende geschrieben, aber du hast auch nie aufgehört, immer wieder welche zu führen. Denn du hast ganz genau gespürt, dass sie für dich ein wichtiger Rückzugsort waren, zum Träumen und um über deinen Seelenzustand nachzudenken. Sie waren wie ein Echo deines Lebens, gaben dir Raum, Ereignissen nachzuspüren und sie zu reflektieren. Du liest immer wieder gerne in diesen alten Tagebüchern: Manchmal findest du dich in ihnen wieder, genau so, wie du heute immer noch bist, und manchmal kannst du anhand der Einträge feststellen, wie du dich verändert hast und älter geworden bist. Du musst immer lächeln, wenn du spürst, wie angesichts dieser ernsthaften Momente des Leidens oder der Hoffnung deine Seele erneut beginnt zu vibrieren.

Man kann sein Gehirn von Zeit zu Zeit ruhig auch einmal für andere Dinge als die Arbeit und das Freizeitvergnügen benutzen. Wenn wir nicht aufpassen, setzen wir unseren Verstand nämlich ausschließlich dafür ein, um Dinge zu *tun*, und vergessen dabei, uns das Sein bewusst zu machen; das heißt, uns selbst dabei zu beobachten, wie wir leben. Daher verpassen wir oft die Hälfte unseres Lebens. Nicht so schlimm, sagen manche, es bleibt uns ja immer noch die andere Hälfte: unsere Taten, unsere Reaktionen auf Anforderungen, die uns unsere Umwelt stellt. Indem wir unsere Stimmungen aus unserem Leben ausschließen, ihnen keine Beachtung schenken, bleiben wir aber, um es mit einer For-mulierung Paul Valérys auszudrücken, »lebende Maschinen«. Und sobald wir aufhören zu handeln und zu reagieren, beschleicht uns mitunter ein Gefühl der Leere, Unruhe oder Traurigkeit.

Wir verspüren den Drang zur Introspektion, wir wollen in uns hineinschauen. Sich zu sehr in sich selbst zu vertiefen, birgt sicherlich auch die Gefahr, abzugleiten und sich in den eigenen Befindlichkeiten zu verlieren. Introspektion alleine genügt also nicht: Man muss auch leben. Handlungen und Kontakte zu anderen können uns eine Menge über uns selbst offenbaren. Vielleicht sagen sie uns sogar mehr darüber, *wer* wir sind, als die Introspektion. Aber mit Sicherheit erfahren wir weniger darüber, *wie* wir sind, oder *was es für uns bedeutet*, so zu sein, wie wir sind.

Es gibt viele Arten, wie wir Introspektion betreiben können. Zum Beispiel können wir einfach aufhören, Dinge zu tun, und beginnen, zu reflektieren und dem Erlebten nachzuspüren. Wir können meditieren oder Tagebuch schreiben.

Zahlreiche wissenschaftliche Arbeiten haben gezeigt, dass das Schreiben über sich selbst der Gesundheit zuträglich ist. Es verhilft uns zu einer emotionalen Ruhe, ganz besonders in schwierigen Lebenssituationen.

Unsere Erfahrungen in Worte zu fassen und davon zu berichten, erleichtert es uns, Zusammenhänge zwischen Ereignissen und unseren Stimmungen, die ansonsten verschwommen und unausgegoren bleiben würden, besser zu erkennen. Studien, die Vergleiche bezüglich der Wirkung des Sprechens, Schreibens oder des einfachen Reflektierens über schmerzhafte Situationen angestellt haben, zeigen ganz klar, dass sowohl das Schreiben als auch das Sprechen darüber deutlich heilsamer waren als das einfache

Reflektieren. Aber warum nützt uns die »einfache« Reflexion oftmals so wenig? Weil man beim Reflektieren sehr schnell ins Grübeln abdriftet! Beim Schreiben hingegen ist es sehr schwierig, ins Grübeln zu geraten: Sobald wir nämlich feststellen, dass unsere Gedanken beginnen, sich im Kreis zu drehen, bemerken wir sofort, wie absurd und ungut das ist.

Tatsächlich besteht ein heilsamer Effekt des Schreibens darin, dass es uns ermöglicht, eine schmerzhafte Erfahrung neu einzuordnen. Ohne den Prozess des Schreibens wäre eine solche Erfahrung oft mit chaotischen und verworrenen Stimmungen besetzt. Zwingen wir uns aber, diese Stimmungen in einen kohärenten Bericht umzuwandeln, so hat dies eine heilsame Wirkung.

Wenn wir davon überzeugt sind, dass unsere Stimmungen einen Sinn haben, und sei es auch nur ein kleines bisschen Sinn, dann kann ein Tagebuch der perfekte Beobachtungsposten sein. Der amerikanische Schriftsteller Thoreau sagte über sein Tagebuch einmal, es sei ein »Gezeitenkalender der Seele«. Und Jules Renard hat uns daran erinnert, dass es die Bestimmung eines Tagebuchs ist, Platz zu bieten für die Arbeit an sich selbst: »Unser Tagebuch darf nicht nur Geschwätz sein ... Es muss dazu dienen, unseren Charakter zu formen, ihn unablässig zu korrigieren, ihn aufzurichten.«

Holen wir also unsere Notizbücher wieder hervor.

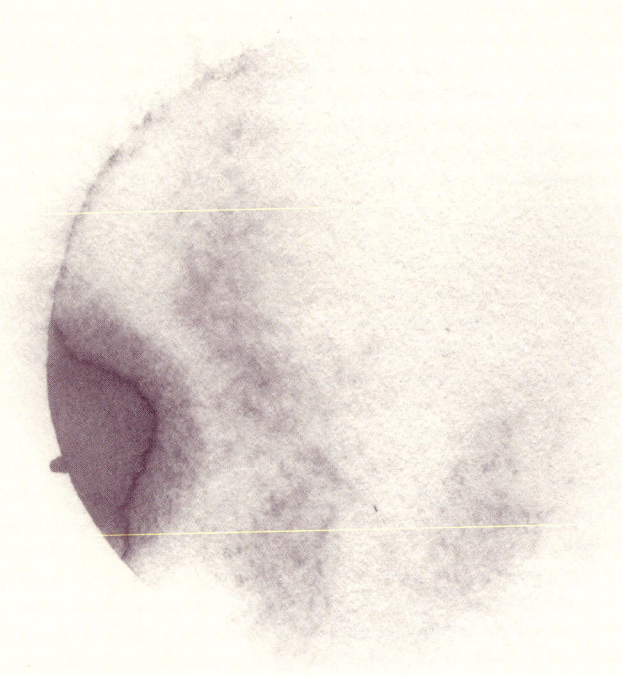

8. *Verletzlichkeit*

Dieses unangenehme und manchmal auch ärgerliche Gefühl, dass dein Leben eine unendliche Folge von Anstrengungen ist: standhalten, reparieren, flicken, aufbauen und wieder zusammensetzen. Es ist anstrengend, zu arbeiten, dich zu motivieren, dich ständig um andere zu kümmern. Ja, sogar dich ein bisschen um dich selbst zu kümmern kostet dich Kraft. Kurz gesagt, es ist anstrengend, alles zu »managen«. (Dieses Wort, »managen«, ist dir sowieso zuwider, da es dein Leben zu einer Firma oder einem Industriebetrieb degradiert.)

Oft bist du kurz davor, das Handtuch zu werfen und einfach aufzuhören. Aus Müdigkeit (schließlich musst du dich ja auch einmal ausruhen), aber auch aus geistiger Erschöpfung. Das ist doch kein Leben: sich ständig abrackern, hin- und herrennen, immer sein Bestes geben. Warum nicht einfach aufhören damit? Das wäre ein schönes Chaos, alle würden an dir herummeckern, wo du doch normalerweise so aktiv bist. Wenn du ganz ehrlich bist, bist du dir jedoch gar nicht so sicher, ob das Ganze tatsächlich im Chaos enden würde. Du hast es ja noch nie ausprobiert. Du hast es dir noch nie erlaubt, einfach aufzuhören. Du versuchst es dir vorzustellen. Oje ... Aber in solchen Momenten hast du einfach Lust, alles stehen und liegen zu lassen, die Augen zu schließen und zu verschwinden. Du möchtest dich an einem geheimen Platz wiederfinden, an einem friedlichen Ort, wo keiner etwas von dir will und dir alles zur Verfügung steht, was du brauchst. Bist du vielleicht zu verletzlich? Vor ein paar Jahren warst du depressiv, und dein Arzt hat dir Tabletten verschrieben. Das hat dir gutgetan, du hast dich weniger sensibel gefühlt und auch weniger ver-

letzlich. Aber der Gedanke, dass dies nur einem Molekül zu verdan-
ken ist, das in deinem Körper patrouilliert, um alle Anstürme von
Emotionen zu verhindern und zu zerstreuen (»Weitergehen! Hier gibt
es nichts zu fühlen!«), gefällt dir nicht. Du bist froh, dass es diese
Beruhigungsmittel gibt, wenn man sie braucht, aber du möchtest lie-
ber ohne sie auskommen.
Wirst du dieses Gefühl der Verletzlichkeit jemals loswerden?

Mensch sein heißt verletzlich sein. Selbst Kleinigkeiten, schmerzhafte Banalitäten, können uns angreifen und verletzen. Kleinigkeiten sogar ganz besonders. Geschieht ein großes Unglück,
bewegt sich etwas, kommt unsere
Umwelt uns zu Hilfe, aber
wenn es nur Kleinigkei-
ten sind … Wie schon
Montaigne schrieb:
»Eine Zusammen-

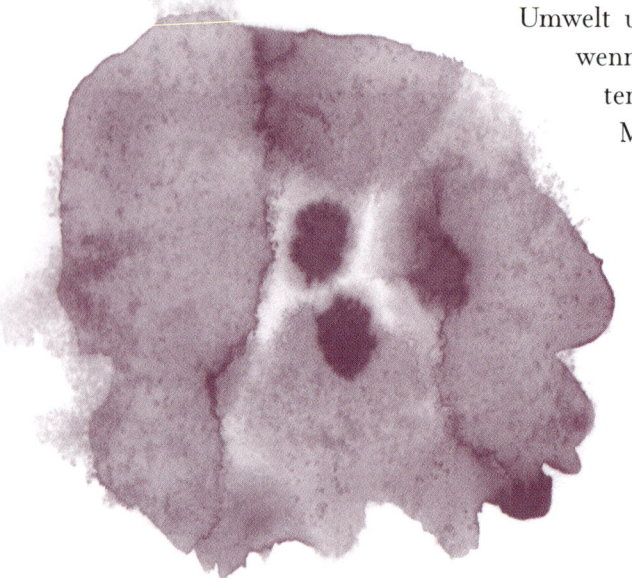

rottung vieler kleinerer Übel ist manchmal bedrückender als die großen Qualen.«

Glücklicherweise hat die Verletzlichkeit auch Vorzüge.

Zunächst einmal bewahrt uns das Wissen um unsere Verletzlichkeit vor der Illusion der Unverwundbarkeit (»Mir kann nichts passieren«), aber auch vor ein paar anderen gefährlichen Überzeugungen (»Das wird alles ganz einfach werden ...«). Demgegenüber haben verletzliche und sensible Menschen immer das Gefühl, dass alles passieren kann und alles ganz schwierig wird. Davon sind sie schon sehr früh in ihrem Leben überzeugt, schon von ihren ersten Erfahrungen auf dem Spielplatz des Kindergartens an.

Verletzlichkeit lässt uns manches aber auch klarer sehen. Man muss nur die Augen aufmachen: einem Kind beim Schlafen zusehen, beobachten, wie ein Freund älter wird, spüren, wie die Zeit vergeht, um plötzlich zu wissen: »Ich kann nicht mehr so tun, als wäre mein Leben unendlich! Ich kann mir nicht mehr vormachen, ich hätte mehrere Leben zur Verfügung! Ich kann auch nicht mehr weiterleben, als ob ich unverwundbar wäre und ewig leben würde.«

 Hier kommen wir der Weisheit mit Hilfe von Klarsicht und Verletzlichkeit ein ganzes Stück näher.

Schließlich hat die Verletzlichkeit noch einen letzten Vorzug: Sie macht uns empfänglicher für die Welt. Als Kinder haben wir die Welt vielleicht argwöhnisch beobachtet, um uns zu schützen.

Wir haben uns ständig gefragt: Woher kommt der nächste Angriff? Wo verbirgt sich die nächste Gefahr? Inzwischen haben wir gelernt hinzuschauen, ohne ständig in Habachtstellung zu sein. Aber auch wenn keine Gefahr mehr für uns besteht oder wir gelernt haben, uns den Gefahren zu stellen, so haben wir uns diese Sichtweise auf die Welt dennoch bewahrt. Wir haben es hier oft mit einem positiven »Rebound-Effekt« zu tun: Wenn wir der Verletzlichkeit und der Angst entkommen, und sei es auch nur vorübergehend, empfinden wir das wie die Morgendämmerung nach einer Nacht, in der wir krank wachgelegen haben. Wir erleben den Tagesanbruch sehr viel schöner und intensiver als jemand, der die ganze Nacht ruhig und ohne zu leiden geschlafen hat.

Oft ist die Lebensfreude bei Menschen, die verletzlich sind, ausgeprägter als bei Menschen, die ... Nun ja, die wie sind? Was ist eigentlich das Gegenteil von verletzlich? Stabil? Hart? Stark? Schwer zu sagen ... Viel spannender als die Frage nach dem Gegenteil ist die Frage: Was kommt nach der Verletzlichkeit? Was wird aus verletzlichen Menschen, die sich mit diesem Wesenszug auseinandergesetzt haben? Hier ist es wichtig zu erkennen, dass es keine echte Verbesserung ist, die Verletzlichkeit zu unterdrücken und »stark« zu sein. Vielmehr geht es darum, mit der Verletzlichkeit zu leben, ohne allzu sehr und allzu oft unter ihr zu leiden.

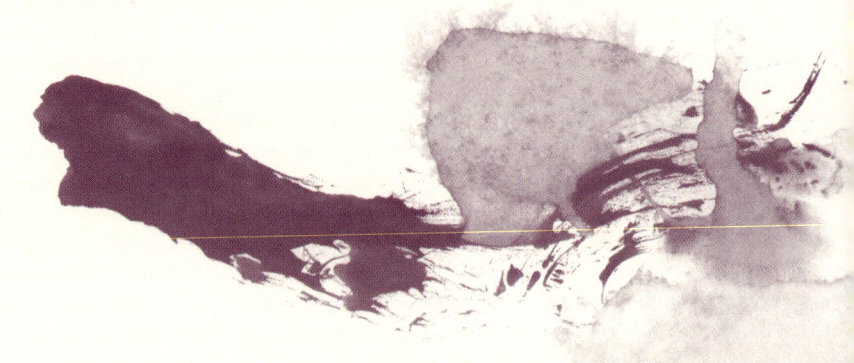

9. Schmerz und Leiden

Du magst das wichtigtuerische Gerede über Schmerz und Leid eigentlich nicht besonders. Leitsprüche wie der von Nietzsche – »Was mich nicht umbringt, macht mich stärker« – irritieren dich ein bisschen und gehen dir auf die Nerven. Dir ist schon klar, dass Nietzsche viel gelitten und darum das Recht hat, sich darüber auszulassen. Aber trotzdem …

Vor allem ist sein Spruch nicht immer zutreffend. Dinge, die uns nicht umbringen, können uns manchmal dennoch verletzen, schädigen oder traumatisieren. Vielleicht nicht besonders schlimm, aber sie bringen uns aus dem Gleichgewicht, machen uns empfindlich und ängstlich, so dass wir den nächsten Schlag, der kommen könnte, umso mehr fürchten.

Letztendlich ist es dir ziemlich egal, ob du stärker wirst. Sie interessiert dich nicht, diese heroische, von allen bewunderte Stärke derjenigen, die der Hölle entkommen sind. Nein, du weißt genau, dass du zu denen gehörst, die der Hölle nicht entkommen. Du gehörst zu denen, die schnell sterben würden, wenn das Schicksal sie zu Straflager oder Gefängnis verurteilt: Du bist zu verletzlich, zu verängstigt.

Du weißt das, also wünschst du dir nur, dass der Schmerz, dem du ausgesetzt wirst, nicht allzu lange anhält und dich nicht zu sehr verletzt. Du möchtest ihn einfach nur hinter dich bringen, ohne zu sehr leiden zu müssen und ohne schlimme Folgen. Du willst nicht gestärkt aus dieser Erfahrung hervorgehen, sondern einigermaßen heil und in der Lage, auch wieder Glücksmomente zu erleben. Ist das möglich?

Gibt es einen Unterschied zwischen Schmerz und Leiden? Mit »Schmerz« bezeichnet man den Ausgangspunkt: ein Gefühl oder eine Wahrnehmung, die wir als quälend empfinden. Das Wort »Leiden« hingegen wird benutzt, um die subjektive Auswirkung des Schmerzes zu beschreiben. Leiden bedeutet, Schmerz zu ertragen und auszuhalten.

Es gibt körperliche Schmerzen (wie beispielsweise Zahn- oder Rückenschmerzen, unter denen – zumindest in geringem Maße – jeder schon einmal gelitten hat), und es gibt seelische Schmerzen (wie Trauer oder Liebeskummer).

Sie ahnen schon, worauf ich hinauswill: Während Schmerzen durch körperliche Verletzungen entstehen und deshalb kaum abgestritten werden können, hat jede Art von Leiden auch einen psychischen Anteil (wobei es sich tatsächlich nur um einen Anteil handelt, wie wir noch sehen werden). Hier kommen nun unsere Stimmungen ins Spiel, die einen gewissen Einfluss auf den Teufelskreis von Leiden und Schmerz haben: Schmerz führt dazu, dass wir uns unmittelbar von der Außenwelt abwenden und ganz auf uns selbst konzentrieren. Dies schafft in unserer Psyche sehr viel mehr Platz für das Leiden und verwandelt nahezu unsere gesamte Existenz in Leid. Nach und nach wird das Leiden zu einer Art Grübeln über den Schmerz, und es entsteht eine Endlosschleife, die unermüdlich zum eigenen Leiden zurückkehrt.

Wann immer uns Mittel zur Verfügung stehen, unsere Schmerzen zu erleichtern, sollten wir diese auch nutzen – den drückenden Stein aus unserem Schuh entfernen, bei schlimmen Zahnschmerzen ein Schmerzmittel nehmen und bei Metastasen Morphium. Schmerz muss man nicht ertragen, wenn man ihn lindern oder, noch besser, unterdrücken kann. Er macht uns nicht stärker, im Gegenteil: Er schwächt uns. Er ist keine Bereicherung, sondern engt ein und lässt uns verkümmern. Er entfremdet uns von unserer Umwelt und bringt uns dazu, uns zu verschließen. Gegen Schmerzen anzukämpfen kostet uns all unsere Energie, die wir viel dringender für anderes brauchen. Schmerz stärkt nicht, sondern zerstört und macht verletzlich.

Das Leiden hingegen ist etwas ganz anderes. Hier lassen sich zwei wesentliche Aspekte unterscheiden: 1. die Ursache unseres Leidens, auf die wir nicht immer Einfluss haben, und 2. die Beziehung, die wir dazu entwickeln und die wir – zumindest teilweise – kontrollieren können.

Es ist für jeden Menschen von großer Bedeutung zu verstehen, wie wir mit dem Leiden, dem wir unser Leben lang ausgesetzt sind, richtig umgehen können. Jedes Mal, wenn ich einen neuen Patienten empfange, unterhalte ich mich sehr lange mit ihm darüber, welche der bisherigen Versuche, sein Leiden zu lindern, funktioniert haben und welche nicht. Medikamente vielleicht? Oder persönliche Anstrengungen? Ich überprüfe, welche Strategien er gegen den Schmerz entwickelt hat: Versucht er, sich abzulenken? Stürzt er sich in irgendwelche Aktivitäten? Beißt er die Zähne zusammen? Manchmal frage ich ihn auch, wie viel Leid er bereit wäre, in seinem Leben zu ertragen. Damit möchte ich ihm zeigen oder suggerieren, dass er möglicherweise in dieser Richtung an sich arbeiten muss anstatt zu versuchen, den Schmerz vollständig zu unterdrücken oder zu besiegen. Aber Vorsicht: Ich mache ihm dennoch unmissverständlich klar, dass wir in der Therapie gegen das Leiden ankämpfen werden. Ich glaube nicht so recht, dass man am Leiden wachsen kann, zumindest könnte ich kein Beispiel nennen, wo dies der Fall gewesen wäre. Fälle, in denen das Leiden den Betroffenen auslaugt, verhärtet und verkümmern lässt, sind mir dagegen schon oft begegnet. Mein Rat lautet also nicht: »Ertragt eure Leiden!« Vielmehr bin ich der Ansicht, dass Schmerz ein fester Bestandteil unseres Lebens ist und daher auch das Leiden ein Stück weit unweigerlich dazugehört. Das müssen wir akzeptieren, denn erst dann sind wir in der Lage herauszufinden, wie wir gegen die Ursache unserer Schmerzen vorgehen und so den Anteil an Leid verkleinern können. Ich nenne das »am vermeidbaren Teil unserer Leiden arbeiten«.

Manchmal ist dieser vermeidbare Anteil sehr gering (wenn wir zum Beispiel unter Zahnschmerzen leiden), aber oft ist er durchaus bedeutend, insbesondere wenn es sich um seelisches Leiden handelt.

All die Bewährungsproben, die uns das Leben stellt, sind einerseits lehrreich, andererseits aber auch zerstörerisch.

Wir sollten uns den ersten Aspekt immer wieder bewusst machen, indem wir uns dem Leiden nicht vollständig verweigern. Aber auch die zerstörerische Seite des Leidens sollten wir immer vor Augen haben.

10. Stimmungen akzeptieren

Als du 16 oder 17 Jahre alt warst, hat dir deine damalige Freundin ein Exemplar von Rainer Maria Rilkes Briefe an einen jungen Dichter geschenkt. Du hast dieses Buch immer noch. Du liebst den kleinen gelben Umschlag und das schöne alte Papier. Immer wieder liest du darin. Neulich warst du traurig und hast die Passagen, in denen es um Traurigkeit geht, noch einmal gelesen: »Wäre es uns möglich, weiter zu sehen, als unser Wissen reicht, und noch ein wenig über die Vorwerke unseres Ahnens hinaus, vielleicht würden wir dann unsere Traurigkeit mit größerem Vertrauen ertragen als unsere Freude. [...] Aber, bitte, überlegen Sie, ob diese großen Traurigkeiten nicht vielmehr mitten durch Sie durchgegangen sind? Ob nicht vieles in Ihnen sich verwandelt hat, ob Sie nicht irgendwo, an irgendeiner Stelle Ihres Wesens sich verändert haben, während Sie traurig waren? [...] Da dürfen Sie nicht erschrecken, wenn eine Traurigkeit vor Ihnen sich aufhebt.«

Nicht erschrecken, akzeptieren ... Mit den Jahren (und einiger Anstrengung) hast du gelernt zu akzeptieren. Du hast gelernt, den ehrlichen Geschmack der Akzeptanz wertzuschätzen. Nicht den bitteren Beigeschmack der Resignation, einer Form von Akzeptanz, die erzwungen wurde oder die auf Erschöpfung zurückzuführen ist. Nein, den milden und beruhigenden Geschmack eines aufrichtigen »Ja« zu allem Unglück und Verdruss. Ein »Ja«, das nicht bedeutet: »Es ist gut so«, sondern ein »Ja«, das bedeutet: »Es ist einfach da, schon längst da, egal, ob ich weine, mit den Füßen aufstampfe oder es nicht beachte. Es ist längst da. Was mache ich jetzt damit?«.

Sobald es dir gelingt, diese Art des Bejahens zu verinnerlichen, das ist dir inzwischen klar geworden, wird alles wieder möglich.

Hier eine Metapher, die deutlich macht, wie wichtig es ist zu akzeptieren: Hat man nie akzeptiert, an einem bestimmten Ort angelangt zu sein, kann man diesen Ort auch nicht wieder verlassen. Wenn wir uns wünschen, nicht unablässig Wut oder Traurigkeit zu empfinden, dann sollten wir diese Stimmungen zunächst akzeptieren und sie vollständig zulassen, anstatt sich ihnen zu verschließen, wenn sie in uns auftauchen. Wir müssen ihnen »entgegengehen«, anstatt vor ihnen zu fliehen; sie spüren und aufmerksam beobachten, und zwar genau dann, wenn sie sich einstellen. Damit uns das gelingt, müssen wir gegen die ganz natürliche Neigung ankämpfen, angenehme Dinge anzunehmen und unangenehme von uns zu weisen. Ein solches Verhalten erscheint verlockend und logisch zugleich, kann jedoch nur in bestimmten und genau abgegrenzten Situationen funktionieren; für komplexe Lebenserfahrungen taugt es nicht. Uns gegenüber schmerzhaften Stimmungen zu öffnen bedeutet hingegen, dass wir uns in der Lage fühlen müssen, auch das Leiden, das mit ihnen verbunden ist, zu ertragen. Das stellt eine große Herausforderung dar. Aber indem wir unsere Leiden akzeptieren, können wir sie einerseits nach und nach verringern und schließlich auch dauerhaft ablegen – vorausgesetzt natürlich, wir beleben sie durch unsere eigenen Reaktionen und unsere Unruhe nicht immer wieder aufs Neue. Andererseits können wir aus solchen Erfahrungen auch lernen, dass wir, wenn wir uns von unangenehmen Stimmungen abschotten, anstatt sie zu durchleben, auch völlig unverändert aus ihnen hervorgehen.

Daher sollten wir das ständige Bedürfnis, unsere emotionalen Erfahrungen geradezurücken und unsere Stimmungen zu korrigieren, manchmal unterdrücken. Anstatt nur die Stimmungen ändern zu wollen, sollten wir lieber versuchen, unser Verhältnis zu ihnen zu verändern. Denn wenn wir sie akzeptieren, geschieht Folgendes: 1. Unsere negativen Stimmungen werden paradoxerweise weniger schmerzhaft. 2. Wir können aus ihnen mehr über bestimmte Situationen und unsere Reaktionen lernen. 3. Da sie dem wahren und nicht einem erträumten Leben entspringen, können sie unseren Erfahrungsschatz bereichern. Und 4. zeigen sie uns, dass man Probleme durchaus überstehen kann. Außerdem bringt uns die Grundhaltung der Akzeptanz dazu, einfach immer das Bestmögliche zu tun, ohne dabei zu jammern oder sich zu beschweren. Wir hören auf unsere Gefühle und entscheiden dann, was zu tun ist oder auch nicht, grämen uns aber nicht dabei.

 Denn Akzeptanz ist eine Alternative zum Trübsalblasen, aber nicht zum Handeln.

Tatsächlich heißt es manchmal, Akzeptanz unterstütze eine Form von Passivität, die einem modernen *Quietismus* gleicht. Mit Quietismus (von lat. quies, »Ruhe«, »Stille«) wird eine Sonderform der christlichen Mystik aus dem 17. Jahrhundert bezeichnet. Diese Richtung rief dazu auf, nach völliger Passivität zu streben und auf diese Weise eins zu werden mit Gott, das heißt, Gott durch die eigene Seele wirken zu lassen. Sollen wir also alles akzeptieren und geschehen lassen, um unsere Seele zur Erleuchtung zu führen? Das ist ganz sicher nicht unser Anliegen. Wir bewegen uns hier in der Welt der Psychotherapie, deren Ziel das persönliche Wohlbefinden ist, nicht die Nähe zu Gott. Auch wenn Therapieformen, bei denen sich alles um Akzeptanz dreht, ganz klar verschiedene Elemente aus dem Buddhismus und der indischen Philosophie aufgreifen, ist es doch mit Sicherheit kein Zufall, dass sie aus Strömungen der Verhaltenstherapie und der kognitiven Therapie hervorgegangen sind. Therapieformen also, bei denen die Patienten dazu ermutigt werden, sich zu engagieren und aktiv zu werden. Dahinter steckt eine ganz einfache Idee: Der Fokus wird auf eine Form des Handelns gelegt, die möglichst klar und aufmerksam ist. Um Missverständnisse zu vermeiden, sollten wir Psychiater bei unserer therapeutischen Arbeit vielleicht besser davon sprechen, Leiden *anzunehmen*, anstatt sie zu *akzeptieren*. Das Verb *akzeptieren* wird unbewusst häufig mit der Idee der Unterwerfung in Verbindung gebracht und scheint zu suggerieren, dass alles gebilligt werden muss. Die Konnotation des Wortes *annehmen* hingegen suggeriert, dass wir aktiv bleiben und unterscheiden, und genau das ist das Ziel.

Eine weitere Metapher in diesem Zusammenhang ist die des Schwimmers. Wie muss sich ein Schwimmer verhalten, der von einer Strömung aufs Meer hinausgetrieben wird? Er sollte auf keinen Fall den Kopf verlieren und versuchen, mit aller Gewalt wieder ans Ufer zu gelangen. Auf diese Weise würde er riskieren, sich völlig zu verausgaben und zu ertrinken. Richtig wäre es, einfach weiter zu schwimmen. Nicht um irgendwohin zu gelangen, sondern um nicht unterzugehen. Dabei muss er akzeptieren, dass die Strömung stärker ist als er selbst. Akzeptieren bedeutet hier nicht, sich treiben zu lassen, sondern mit der Strömung zu schwimmen. Nach einer Weile lässt die Strömung immer nach und man gelangt einige Kilometer weiter wieder ans Ufer. Das ist in jedem Fall besser als zu ertrinken, oder etwa nicht? Oft ist aktive Akzeptanz die einzige Lösung für bestimmte Lebenssituationen. Natürlich ist es gut, auch über andere Verhaltensmuster zu verfügen, über Strategien, die energischer und kämpferischer sind. Manchmal muss man sich auch verweigern und darf etwas nicht akzeptieren. Aber in jedem Fall sollte das Akzeptieren Teil unserer psychischen »Überlebensausrüstung« sein.

11. *Mitgefühl mit sich selbst haben*

Vor ein paar Jahren hast du dir auf ganz dumme Weise die Hand gebrochen. Natürlich ist es immer »dumm«, wenn man sich etwas bricht, aber in diesem Fall war es mehr als das. Es ist an einem Sonntagabend passiert, du warst zuhause und bist in Socken die Treppe hochgerannt. Dabei hattest du auch noch etwas in der Hand und warst mit den Gedanken ganz woanders. (Um ehrlich zu sein, hast du schon wieder an die Arbeit gedacht, die am nächsten Tag auf dich zukommen würde). Du bist ausgerutscht, hast gespürt, wie etwas geknackt hat, und das hat dann sehr weh getan. Dir war sofort klar, die Hand ist gebrochen.

Du erinnerst dich noch gut daran, wie du dich zuerst einmal selbst als Idioten beschimpft hast, anstatt dich um deine Hand zu kümmern. Und als sich dann vor deinem inneren Auge all die Unannehmlichkeiten auftürmten, die jetzt auf dich zukommen würden, hast du Angst bekommen. All die Dinge, die du nicht würdest tun können wegen dieser verfluchten Verletzung. (Musste es denn ausgerechnet die rechte Hand sein!) »Und das bei all der Arbeit, die gerade auf mich wartet, all die Dinge, die ich erledigen muss. Wie soll ich das nur schaffen? Das ist eine Katastrophe. Warum muss das gerade jetzt passieren? Einen ungünstigeren Zeitpunkt hätte es wirklich nicht geben können ... « Du hast dich geängstigt, du hast dir Vorwürfe gemacht, du hast dich schlecht und dumm gefühlt. Und traurig. Und wütend.

Diese ungute und schmerzhafte Mischung aus schlechten Stimmungen hast du einige Tage mit dir herumgeschleppt. Bis dir dann klar wurde: Es wird schon gehen. Du wirst die Unannehmlichkeiten über-

leben, die deine Verletzung mit sich bringt. (Warum auch nicht?) Du hast dich der Situation gestellt, und alles ist ganz schnell vorüberge-gangen. Du erinnerst dich noch gut an den Tag, als man dir den Gips abgenommen hat. Wie glücklich du warst, als du wieder beide Hände benutzen konntest.

Heute kommst du dir ein bisschen dumm vor, wenn du daran denkst, wie du mit deiner Verletzung umgegangen bist (oder besser gesagt, wie du dich gegen sie gesträubt hast). All diese unnötige Wut, all diese dummen Selbstvorwürfe. Unnötig. Unnötig. Unnötig. Du sagst dir das immer wieder, wie um dich selbst davon zu überzeugen. Du fragst dich, weshalb du dein Leid eigentlich noch vergrößert hast, indem du dir zusätzlich zu der Verletzung auch noch unnötig Sorgen gemacht hast. Du fragst dich, warum du dich immer zuerst selbst dafür verant-wortlich machst, wenn dir etwas Schlimmes passiert. Warum du dich selbst beschimpfst und den Kopf verlierst. anstatt die Augen aufzumachen und etwas zu tun. Du hättest wissen können, dass das schon wieder werden wird, dass du das hinbekommst. Eines Tages musst du das begreifen; eines Tages musst du dich selbst ein bisschen mehr mögen. Ganz besonders dann, wenn du Probleme hast; nicht nur dann, wenn alles gut läuft und du erfolgreich bist ...

Mitgefühl mit sich selbst zu haben besteht darin, dass wir das eigene Leiden aufmerk-sam wahrnehmen, anstatt es zu ignorieren.

Wir wollen unsere Schmerzen lindern, anstatt darin zu versinken und uns selbst noch zu bestrafen. Es bedeutet, sich selbst mit Verständnis und Wohlwollen zu begegnen anstatt mit Distanz, Härte, Misstrauen und Brutalität. Manche Patienten reagieren irritiert, wenn man ihnen sagt, sie sollten Mitgefühl mit sich selbst haben: Wäre das nicht Selbstgefälligkeit oder Selbstmitleid? Und würde das nicht einer Niederlage gleichkommen? Nein, eben nicht. Beim Selbstmitgefühl geht es um etwas ganz anderes.

Untersucht man die Mechanismen des Selbstmitgefühls, entdeckt man Folgendes: 1. Es basiert auf einer Grundeinstellung, die es uns erlaubt, Misserfolge und Schwierigkeiten zu akzeptieren. Wir

sehen diese nicht als skandalös oder katastrophal an und auch nicht als einen Beweis für unsere Inkompetenz oder Ähnliches. Vielmehr betrachten wir sie als ganz normale Lebenserfahrungen, denen wir uns lediglich so gut wie möglich stellen müssen. Hierin unterscheidet sich das Selbstmitgefühl auch vom Selbstmitleid. Beim Selbstmitleid suhlt man sich in seinem Unglück und hat das Gefühl, Opfer ungerechter Prüfungen zu sein. 2. Das Selbstmitgefühlt basiert auf einem sehr starken Mitgefühl mit anderen und wird dadurch zusätzlich gefördert. Es hilft uns, andere Menschen in unser Leiden mit einzubeziehen: »Was mir gerade geschieht, ist auch anderen schon passiert oder kann ihnen jederzeit geschehen.« Dieser Gedankengang setzt unsere Not nicht als unbedeutend herab, sondern hilft uns dabei, sie zu kollektivieren, sie mit anderen zu teilen und auf diese Weise abzumildern. Der Gedanke, mit unserer Not nicht alleine zu sein, spendet Trost und unterstützt unsere Suche nach einer Lösung. Selbstmitgefühl bringt uns dazu, Hilfe und Aufmunterung zu suchen, anstatt uns zu beklagen oder uns selbst zu bestrafen. Daher ist es auch ein wichtiger Bestandteil unseres inneren Gleichgewichts:

Zahlreiche Studien zeigen, eine positive Einstellung gegenüber sich selbst ist für das allgemeine psychische Wohlbefinden sehr förderlich, insbesondere für die Widerstandskraft.

Auf lange Sicht gesehen wirkt sich das Selbstmitgefühl also entscheidend auf unser ganzes Leben aus. Wenn wir zu unserem eigenen Freund und Verbündeten werden, anstatt unser Feind und Richter zu sein, können wir uns in schwierigen Situationen selbst helfen.

Man hat festgestellt, dass es Patienten, die unter depressiven Zuständen, Bulimie oder anderen psychischen Erkrankungen leiden, oft an Selbstmitgefühl mangelt. Der Kontakt zu einem empathischen und verständnisvollen Therapeuten oder auch zu anderen Patienten (beispielsweise während einer Gruppentherapie) kann wesentlich dazu beitragen, diese Fähigkeit zu erlangen oder wiederherzustellen. Die Patienten können sich dann sagen: »Ich bin nicht selbst schuld an meinem Leiden. Nicht nur ich leide, und ich muss weder klagen noch mich selbst bestrafen.« Sie können sich sagen: »Ich habe Mitgefühl mit mir selbst.«

12. Loslassen

Neulich warst du krank, richtig krank. Eine plötzliche Grippe, die dich dazu verdammt hat, zwei Tage im Bett zu bleiben. So etwas passiert dir nicht oft. Während dieser langen, ruhigen Stunden im Bett, in denen alle anderen entweder bei der Arbeit oder in der Schule waren, bist du alten Erinnerungen nachgehangen. Als Kind hast du diese Tage genossen, in denen du mit Fieber im Bett gelegen hast. Natürlich hast du sie genossen, du musstest ja nicht zur Schule gehen und konntest dich ein bisschen verwöhnen lassen. Aber auch wegen des ungewohnten psychischen Zustands, in den dich diese liebevolle Zuwendung versetzt hat, hast du diese Situationen genossen. Du erinnerst dich, wie du die Welt auf eine ganz besondere Weise beobachtet hast: Du warst zwar anwesend, aber allem gegenüber völlig gleichgültig. Du warst wie betäubt, unfähig, auf das zu reagieren, was um dich herum geschah, hattest keinerlei Bedürfnis, daran teilzuhaben: eine Art gelassener Apathie. Auf das Sofa im Wohnzimmer gebettet hast du das Kommen und Gehen beobachtet, den Gesprächen gelauscht und all den Tätigkeiten zugesehen, zu denen man dich jetzt nicht aufforderte: den Tisch decken, aufräumen, dich an den Unterhaltungen beteiligen ... Du warst zwar anwesend, aber sozusagen »offline«. Du hast am Familienleben teilgenommen, ohne direkt involviert zu sein. Fast wie ein Gespenst. Und seltsamerweise war dieser Zustand gar nicht schmerzlich oder unangenehm, sondern ziemlich interessant!

Wenn du heute krank bist, reagierst du wie ein Erwachsener. Du siehst deine Krankheit als eine Art Behinderung, die dich davon

abhält, normal zu leben. Sie enthält dir etwas vor, macht dich unpro-
duktiv. Die kindliche Fähigkeit, diese Momente der Apathie und des
Loslassens zu durchleben und zu akzeptieren, ohne dich dafür zu ver-
urteilen, hast du verloren. Aber es hat dir gefallen, dich daran zu erin-
nern. Es hat dich zum Lächeln und dann zum Nachdenken gebracht.
Du hast dich gezwungen, diese Stunden im Bett zu akzeptieren und
dich selbst neugierig beobachtet. Du hast versucht, die Aspekte der
Weisheit und den Frieden wiederzufinden, die dieser fiebrigen Apa-
thie deiner Kindheit innewohnten. Dieses angenehme und beruhigen-
de Gefühl. Du hast darüber nachgedacht, warum es dir heute so
schwerfällt, loszulassen, dich einfach gehen zu lassen und nichts zu
tun. Jetzt, wo du erwachsen bist, kann nur eine Krankheit dich dazu
zwingen loszulassen. Dabei war dir bewusst, dass diese Einstellung
falsch ist, du hast es fast körperlich gespürt.
Du musst lernen auch dann loszulassen, wenn du nicht 39°C Fieber
hast …

Bei dem Versuch, unser Leben zu meistern, rackern wir uns häufig ziemlich ab, manchmal auf nahezu absurde Weise. Von unseren Ängsten geleitet haben wir oft das Gefühl, Kontrolle biete
eine Lösung, eine Antwort auf alle Risiken des Lebens und Unsicherheiten, die die Zukunft betreffen. Das Bedürfnis, alles kontrollieren zu wollen, resultiert jedoch oft in dem erschöpfenden
Gefühl, mit unseren Aufgaben niemals fertig zu werden. Wir
verdammen uns selbst zur ständigen Überlastung. Ein Patient
erzählte mir einmal: »Eines Tages habe ich verstanden, dass ich
niemals fertig werden würde. Ich konnte so nicht weitermachen,

mich nicht jeder Herausforderung stellen. Also habe ich den einzig möglichen Entschluss gefasst. Ich beschloss einfach, nicht mehr ständig zu versuchen, alles in den Griff zu bekommen! Ich musste lernen, mit den unerledigten Dingen zu leben, akzeptieren, dass ich sie niemals alle erledigen kann. Am Anfang war das schwer – einfach auf dem Sofa zu sitzen, Musik zu hören. Ich sah all die kleinen Dinge, die im Zimmer noch zu reparieren waren. Dabei fielen mir dann auch gleich noch die anderen Reparaturen ein, die am Haus noch gemacht werden mussten. Ich dachte darüber nach, dass ich meinen Kindern nicht genug bei ihren Matheaufgaben geholfen hatte ... Ich hatte das Bedürfnis, sofort aufzustehen, habe mir eingeredet, dass ich nicht das Recht habe, hier herumzusitzen, solange das alles noch nicht erledigt ist. Was so viel heißt wie, dass ich nie das Recht haben werde herumzusitzen ... Aber dann habe ich mich dazu gezwungen: Ich habe mir gesagt, dass ich mich sehr wohl ein bisschen ausruhen darf, auch wenn noch nicht alles erledigt ist. Ich bin also ganz bewusst auf meinem Sofa sitzengeblieben und habe Musik gehört. Und nach und nach habe ich mich entspannt. Mit vielen anderen kleinen Dingen habe ich es dann genauso gemacht, und obwohl ich mich jetzt von Zeit zu Zeit ein wenig gehen lasse, bin ich, entgegen meiner früheren Befürchtungen, weder verwahrlost noch nachlässig geworden. Einfach nur ein bisschen gelassener.«

Ah, diese unzähligen »Dinge, die noch zu erledigen sind«, die uns so nervös machen! Sind wir unruhig, besteht unsere Welt plötzlich nur noch aus unerledigten Aufgaben. Es wird zu einem Problem, einfach nur zu leben und sich auszuruhen. Nichts tun wird zu einer Sünde. Tatsächlich machen wir uns das Leben aber selbst zur Hölle, wenn wir glauben, wir dürften uns erst dann ausruhen, entspannen oder uns einfach mal etwas Gutes tun, wenn wir alles erledigt haben. Man könnte auch sagen, mit dieser Einstellung verwandeln wir unser Leben in eine Art Straflager: Wir verdammen uns selbst zur Sklaverei.

 Die einzige Lösung ist zu akzeptieren,
dass uns die Welt manchmal entgleitet.

Und daran müssen wir unablässig arbeiten. Natürlich heißt das nicht, dass wir uns für das Chaos entscheiden müssen. Menschen mit Angstzuständen neigen oft dazu, Vorschläge bis ins äußerste Extrem umzusetzen, nur um zu beweisen, dass diese nicht nur nichts taugen, sondern auch gefährlich sind: »Loslassen? Du willst, dass mir alles egal ist? Du willst, dass ich mich um nichts mehr kümmere? In Ordnung, du wirst schon sehen, was dabei herauskommt ...« Nein, es geht nicht darum, von einem Extrem ins andere zu fallen. Wir müssen lediglich einen Mittelweg finden, zwischen dem »zu viel« und dem »zu wenig«. Wir müssen begreifen, dass wir keine Superkräfte besitzen. Unordnung und Unsicherheit sind Teil einer lebendigen, veränderlichen Welt. Auch wir sind Teil dieser Welt, und wenn wir nicht lernen, sie zu tolerieren, wird unser Leben ziemlich anstrengend sein.
Wir müssen akzeptieren, dass es sehr viele große und kleine Dinge gibt, die wir hier auf Erden niemals tun werden. Angefangen von den vielen Fotos, die wir niemals einsortieren werden,

bis hin zu den Ländern, die wir niemals bereisen werden. Sicher ist das ein kleiner Dämpfer für unseren Lebenshunger und unsere Überzeugung, dass wir alles erreichen können. Aber müssen wir deswegen traurig sein? Natürlich, ein bisschen schon, aber traurig zu sein ist wahrscheinlich nicht ganz so anstrengend und daher letztendlich effektiver als die nervöse Anspannung, die entsteht, wenn wir unseren Hirngespinsten nachjagen (»Ich mache das alles!«). In der Therapie sage ich oft scherzhaft zu meinen Patienten: »Ich habe eine gute Nachricht für Sie und eine schlechte: Die gute ist, die sorgenfreie Welt, von der Sie träumen, gibt es tatsächlich. Die schlechte ist, man nennt sie Paradies, und das kann man nicht sofort haben. Aber während wir darauf warten, können wir versuchen, uns mit dieser Welt – man kann auch sagen mit dem Leben – zu arrangieren.«

13. Ruhe und Energie

Du liebst diese Augenblicke, in denen du vollkommen in deinem inneren Gleichgewicht bist. So etwas geschieht meist an einem Frühlings- oder Sommermorgen. Du stehst früh auf, alles ist noch still. Du fühlst dich durch und durch wohl: ruhig, friedvoll, ausgeglichen, aber auch voller Energie, einer ruhigen Energie. Lange Zeit hast du Energie mit Anspannung gleichgesetzt. Du hast dich immer dann voller Energie und Tatkraft gefühlt, wenn du Musik in voller Lautstärke gehört, dich sehr schnell bewegt oder viele Dinge gleichzeitig getan hast. Oder auch nach einer Tasse Kaffee, die du dir gegönnt hast. Nach einiger Zeit hat dich das alles jedoch in ein nervöses und hyperaktives Wesen verwandelt. Du hast den Fehler gemacht, Energie mit Anspannung zu verwechseln.

Den gleichen Fehler hast du übrigens auch in die andere Richtung gemacht: Ruhe war für dich gleichbedeutend mit Langsamkeit und Passivität, fast schon Trägheit. Ruhe war etwas für Alte, Depressive und Erschöpfte.

Inzwischen weißt du, dass du gleichzeitig ruhig und voller Energie sein kannst. Wie der Kater, den du im Garten beobachtest: Er streckt sich und schleicht dann langsam durchs Gras. Schultern und Hüfte bewegen sich in völliger Harmonie. Er ist entspannt, aber jederzeit bereit zum Sprung. Genau diese Mischung aus Ruhe und Energie ist es, die du von nun an auch gerne hättest. Aber wie kannst du sie dir aneignen?

Ruhe und Energie: das Geheimrezept für unser Wohlbefinden. Der Begriff »Ruhe« impliziert die Abwesenheit von Ärger und Aufregung, aber ohne dass dies Passivität und Rückzug bedeuten würde. Vielmehr handelt es sich um eine aufmerksame Präsenz, wobei wir jedoch nicht mit unserer Umwelt interagieren. Wenn wir uns in einem Zustand der Ruhe befin-

den, können wir das sowohl körperlich empfinden (wir sind entspannt, aber nicht schlaff) als auch geistig (wir sind nur präsent und »beobachten«, schalten dabei aber nicht völlig ab). Jules Renard schrieb in seinem Tagebuch: »Das Idealbild der Ruhe findet man in einer sitzenden Katze.« Völlig entspannt, aber bereit zum Sprung.

Der Begriff »Energie« suggeriert demgegenüber die Fähigkeit, zu handeln oder eine Handlung in Betracht zu ziehen. Dabei ist man davon überzeugt, dass die angestrebte Handlung ausführbar, sinnvoll und nützlich ist. Das Gefühl, innere Energie zu besitzen, basiert auf einem psychischen und einem physischen Aspekt: Man ist zuversichtlich und freut sich auf die bevorstehende Handlung, und gleichzeitig fühlt man sich körperlich auch in der Lage, diese Handlung einzuleiten und durchzuführen.

Das Gegenteil von Ruhe ist Anspannung: Ist man angespannt, wird es schwierig, geistigen und körperlichen Frieden zu empfinden. Das Gegenteil von Energie ist Erschöpfung: Wenn man erschöpft ist, hat man das Gefühl, keine inneren Ressourcen mehr zu haben. Anspannung und Erschöpfung sind Zustände, die jeder von uns in regelmäßigen Abständen immer wieder durchlebt.

Anhand dieser beiden Pole – Ruhe *versus* Anspannung und Energie *versus* Erschöpfung – lassen sich verschiedene psychosomatische Allgemeinzustände ziemlich gut beschreiben. Je nach Situation mischen sich die vier Faktoren in jedem von uns in unterschiedlichem Maß. Das wiederum führt zu vier völlig unterschiedlichen Grundzuständen: Ruhe und Energie (das Optimum, wenn es darum geht, aktiv zu werden); Ruhe ohne Energie (ein Zustand entspannter Müdigkeit, beispielsweise beim Einschlafen); Anspannung und Energie (man könnte hier auch von Stress oder Nervosität sprechen) und Anspannung und Erschöpfung (man ist »völlig kaputt und gestresst«, schafft es aber nicht, sich zu entspannen und zu erholen).

Wir können bestimmte Strategien und Verhaltensweisen entwickeln, die es uns ermöglichen, die fast magisch anmutende Mischung des Wohlbefindens – Ruhe und Energie – in unserem Alltag öfter zustande zu bringen.

Die meisten dieser Strategien basieren auf der Aufmerksamkeit, die wir unseren körperlichen Bedürfnissen schenken. Ganz besonders wichtig sind hier regelmäßige Bewegung und Entspannung, zwei Bedürfnisse, die wir sehr leicht vernachlässigen, zumal diese Nachlässigkeit nicht sofort bestraft wird. Ginge es um die Nahrungsaufnahme oder den Schlaf, wäre das etwas ganz anderes. (Versuchen Sie einmal, nicht mehr zu essen oder zu schlafen …) Im Fall von Bewegung und Entspannung macht sich die Nachlässigkeit erst mit der Zeit bemerkbar: Sie stört unser emotionales

Gleichgewicht und führt so zu einer Zunahme negativer Stimmungen.

Wir müssen also zwei Dinge in Angriff nehmen, die für unser seelisches Gleichgewicht und somit auch für eine positive Beeinflussung unserer Stimmungen ganz wesentlich sind: körperliche Aktivität und Entspannungsübungen.

14. Versetze deinen Körper in gute Laune

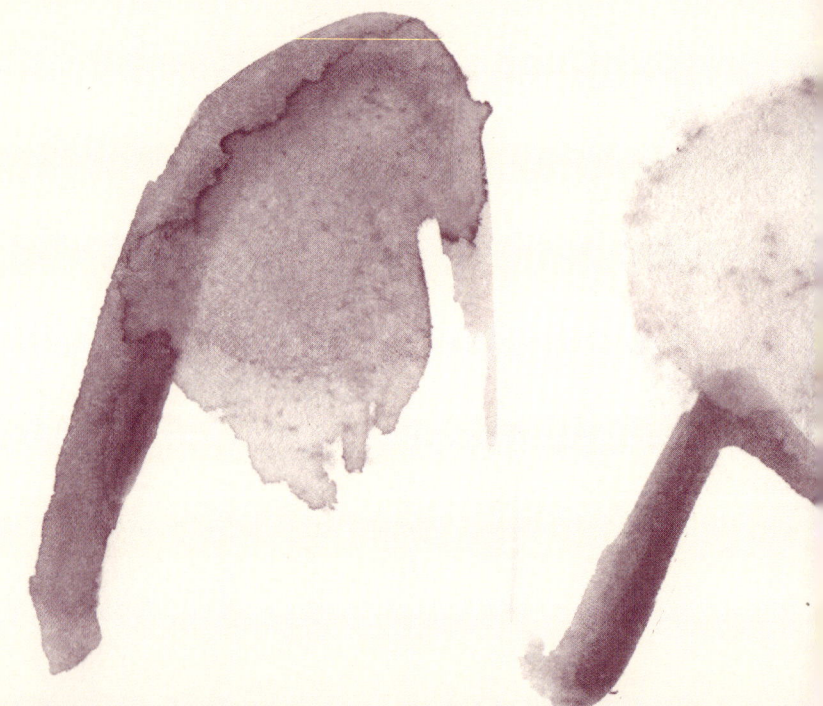

»Traurigkeit ist Erschöpfung, die sich auf der Seele niederschlägt. Erschöpfung ist Traurigkeit, die den Körper befällt.« Diese Worte des Dichters Christian Bobin haben dir schon immer gut gefallen. Wenn dein Körper müde ist, hat das auch Einfluss auf deinen Kopf: Du wirst reizbar, pessimistisch, Sorgen machen sich breit und werden größer, alles nervt und belastet dich. Du kennst dieses Gefühl nur zu gut. Immer wieder lässt du dich davon überwältigen, und jedes Mal dauert es eine Weile, bis du erkennst, dass das eigentliche Problem oft gar nicht deine Sorgen sind, sondern die Erschöpfung, die es dir unmöglich macht, sie in Angriff zu nehmen oder zu relativieren. Sich auszuruhen, würde hier Abhilfe schaffen, zumindest wäre es ein mögliches Gegenmittel. Vielleicht hätte es sogar eine präventive Wirkung. Die Bedürfnisse deines Körpers respektieren: ihm erlauben, sich zu bewegen, zu gehen, zu laufen, sich zu strecken, zu fühlen ...

Wie ein Musiker, der seine Geige oder seine Gitarre stimmt, sein Instrument pflegt. Oder wie ein Hundebesitzer, der seinen Hund ausführt. Neulich hast du dich mit einer Freundin unterhalten und ihr erzählt, wie wichtig es für dich wäre, einmal am Tag eine halbe Stunde lang spazieren zu gehen, einfach so, um dich zu bewegen und deinen Kopf frei zu bekommen. Deine Freundin hat gelacht und gesagt, genau das mache sie sogar zweimal täglich, nämlich wenn sie mit dem Hund rausgeht. Solltest du dir also einen Hund anschaffen? Naja ... Was deine Freundin für ihren Hund tut, könntest du auch einfach nur für dich tun. Du könntest gleichzeitig Hund und Herrchen sein. Genau das ist es, was dir fehlt. Anstatt dir einen Hund anzuschaffen, solltest du lieber selbst zum Hund werden: jeden Tag eine halbe Stunde lang an nichts denken, spazieren gehen, die Nase in die Luft strecken, dich bewegen ...

Mens sana in corpore sano – dass eine gute körperliche Verfassung der Funktion des Geistes zuträglich ist, weiß man schon lange. Zahlreiche wissenschaftliche Studien haben diese Annahme bestätigt. Zwischen der Anzahl von Schritten, die wir täglich zurücklegen, und unserer Tatkraft und guten Laune besteht ein direkter Zusammenhang. Ungefähr zehn Minuten schnelles Gehen reicht schon aus, um unser Wohlbefinden merklich zu

steigern, und diese Wirkung hält dann ungefähr neunzig Minuten lang an.

In Untersuchungen mit psychisch kranken Menschen konnte nachgewiesen werden, dass körperliche Bewegung mindestens genauso viel positive Wirkung zeigt wie die Einnahme von Antidepressiva, vorausgesetzt, man ist über vier Monate hinweg mindestens viermal die Woche für fünfundvierzig Minuten aktiv. Interessanterweise hat man auch festgestellt, dass Patienten, die körperlich aktiv waren, nach sechs Monaten deutlich seltener rückfällig wurden als Patienten, die ein Antidepressivum genommen hatten. Auch bei Patienten mit Angstzuständen wurde nachgewiesen, dass schon sechs Bewegungseinheiten von je zwanzig Minuten, egal ob intensiv oder moderat, zu einer Abschwächung der Nervosität führen.

Die Mehrzahl wissenschaftlicher Forschungsgruppen kommt diesbezüglich in etwa zum selben Ergebnis. Schauen wir uns beispielsweise die Empfehlungen des nationalen französischen Gesundheitsinstituts (Institut national de la santé et de la recherche médicale) an:

Für Erwachsene im Alter zwischen 18 und 65 Jahren wird empfohlen, fünfmal wöchentlich mindestens dreißig Minuten lang einer gemäßigten körperlichen Aktivität an der frischen Luft nachzugehen, zum Beispiel gehen, laufen oder Rad fahren.

Dies wird auch für Menschen über 65 Jahre empfohlen, die Aktivität sollte dann jedoch an den körperlichen Gesamtzustand angepasst sein und mit Übungen verbunden werden, die gut sind für Knochendichte, Beweglichkeit und Gleichgewichtsgefühl. Dazu zählen beispielsweise Übungen zur Stärkung der Muskulatur (Kraftübungen gegen einen Widerstand, zum Beispiel Gewichte oder andere Gegenstände wegdrücken und heranziehen oder Dehnen der Muskeln), Lockerungsübungen (Hals, Schultern, Taille oder Becken sanft bewegen) und Gleichgewichtsübungen (auf Zehenspitzen eine Linie am Boden entlanggehen, auf einem Trimm-dich-Pfad von einem Pflock zum nächsten springen oder auf einem Bein stehend langsa-

me Streckübungen machen wie im Tai-Chi). Jede dieser Übungsformen sollte mindestens zweimal die Woche für fünf bis zehn Minuten praktiziert werden. Das Ganze erfordert allerdings etwas Geduld. Den Untersuchungsergebnissen zufolge wird die positive Wirkung körperlicher Aktivität auf unsere Stimmungen und unser Befinden erst nach ungefähr acht Wochen Training in vollem Maße spürbar.

Es kostet uns also nicht die Welt, ein bisschen in unser Wohlbefinden zu investieren! Aber viele Menschen tun es dennoch nicht. Eine Untersuchung zum Gesundheitszustand der französischen Bevölkerung aus dem Jahr 2005 ergab, dass nur 45,7 Prozent der Franzosen im Alter zwischen 15 und 74 Jahren im Laufe einer Woche länger als zehn Minuten körperlich aktiv sind. Dabei ist es doch ganz einfach und auch noch umsonst! Außerdem entspricht es unserer biologischen Funktionsweise, die sich über die Jahrtausende hinweg entwickelt hat: Wir sind dafür gemacht, entweder hinter Antilopen herzulaufen oder vor Löwen zu fliehen.

15. Entspanne dich!

Du kannst das schon aushalten, wenn du zu viel »Druck« hast, kannst dagegen ankämpfen: Du machst den Rücken krumm, trägst deine Last, machst einfach weiter. Du bleibst am Ball, ignorierst, dass dir eigentlich alles zu viel ist. Tage- sogar wochenlang hat dich die Flut an Dingen, die noch zu erledigen sind, fest im Griff. Aber dein Körper beginnt zu rebellieren. Er sendet dir Alarmsignale, die du anfangs ignorierst. Sie stören dich. Es fällt dir schwer, langsamer zu machen. Du tust so, als würdest du nichts sehen, nichts hören, nichts fühlen. Die Rückenschmerzen, die Magenverstimmung, der Druck auf der Brust und der enorme Drang aufzuseufzen, um besser atmen zu können. Du spürst das alles, aber du hörst nicht auf deinen Körper. Du machst weiter. Also beginnt er, ab und an zu blockieren, stecken-zubleiben: Hexenschuss, Darmentzündung, ein steifer Nacken und auch andere Unannehmlichkeiten wie Schnupfen, Halsschmerzen oder Hautausschlag. Das ist alles nicht schlimm, aber eine logische Konsequenz. Du sagst dir, du solltest Yoga, Qigong oder etwas Ähnliches machen. Du hast das schon einmal probiert. Es hat dir gutgetan. Danach hattest du jedoch das Gefühl, alles war schnell wieder beim Alten, und der Stress kam zurück. Merkwürdig, aber auch naiv: Hattest du etwa erwartet, die positive Wirkung würde ewig anhalten? Auf jeden Fall würde dich so etwas zu viel Zeit kosten. Davon bist du überzeugt. Du hast also keine Zeit, dich um deinen Körper zu küm-mern? Glaubst du denn, du bekommst einen Ersatzkörper, wenn er zusammenbricht oder Schaden nimmt?

Warum ist Entspannung (und alles, was damit zusammenhängt) für uns ebenso wichtig wie körperliche Bewegung?

Zunächst einmal äußert sich jede stressige Situation, der wir ausgesetzt werden, in einer leichten Muskelanspannung, die sich später nicht mehr hundertprozentig löst. Einerseits, weil oft neue Schwierigkeiten folgen oder andere stressige Aufgaben auf uns warten, und andererseits, weil unser Verstand sich erinnert und vorausschaut. Er speichert unsere Anspannung, obwohl die stressige Situation eigentlich schon vorbei ist. An ein Problem zu denken hat genau die gleiche Wirkung, wie wenn wir es tatsächlich durchleben, zumindest was unseren Körper anbelangt. Er verspannt sich und krampft sich zusammen, als wären wir tatsächlich in einer schwierigen Situation.

Um zu verhindern, dass sich zu viele Spannungen in uns aufstauen, ist es ratsam, eine bestimmte Methode der Entspannung in Verbindung mit zahlreichen »Mini-Entspannungsübungen« zu praktizieren. Ziel dieser Mini-Übungen ist nicht die völlige Entspannung, sondern es geht lediglich darum, den »Druck« etwas zu verringern und die Muskelanspannung zu lösen, die sich über den Tag kontinuierlich aufbaut. In der Praxis bedeutet das, unseren Körper aufmerksam zu beobachten, um die kleinen Muskelverhärtungen in den anfälligen Körperteilen rechtzeitig zu spüren. Im Allgemeinen sind dies Schulter und Nacken, bei manchen Menschen auch der Kiefer. Für diese Bereiche können wir kleine Entspannungsübungen ausführen. Auch Menschen, denen es schwerfällt, diese Verspannungen wahrzunehmen, können einfach davon ausgehen, dass sie da sind, und sich jede Stunde ein bis zwei Minuten Zeit nehmen, um den Körper wieder etwas zu entspannen: tief durchatmen, die Haltung korrigieren, sich strecken, wenn möglich, langsam die Nacken- und Schultermuskulatur bewegen. Diese Übungen kann und sollte man jederzeit und an jedem Ort machen (in öffentlichen Verkehrsmitteln, im Auto, wenn man an einer roten Ampel steht, im Wartezimmer oder in der Arbeitspause). Entspannung ist auch deshalb für uns so wichtig, weil der Mensch längere Erholungs- und Ruhephasen braucht. So sind beispiels-

weise an den Problemen und Gefahren, die eine Hitzeperiode mit sich bringt, nicht nur die mittäglichen Höchsttemperaturen schuld, sondern auch die hohen Temperaturen bei Nacht, die nicht genügend absinken, um unserem Organismus die nötige Regeneration zu ermöglichen. Das Schlimme ist also die Kombination aus zu hohen Temperaturen am Tag und der fehlenden Abkühlung bei Nacht. Das Gleiche gilt auch für unseren täglichen Stress. Um das Maß unserer Anspannung nachhaltig und deutlich zu senken, müssen wir den Stress am Abend und in der Nacht hinter uns lassen.

Besonders in Zeiten großer Anspannung sollten wir versuchen, intensive und länger anhaltende Entspannungsübungen zu machen (zwischen zehn und dreißig Minuten), um zur körperlichen und somit auch psychischen Ruhe zurückzufinden. Das ist meistens nicht ganz so einfach, da die Phasen, in denen wir von Sorgen geplagt werden, ganz automatisch auch die sind, in denen es uns an Zeit fehlt. Sich am Ende eines Tages zu entspannen ist also sehr viel wichtiger, als beim Fernsehen oder Lesen Zerstreuung zu suchen.

Die Grundidee der Entspannung ist ganz einfach: Wenn der Körper beginnt, unseren Stimmungen »noch eins draufzusetzen«, und unsere Muskeln sich verspannen, wenn wir uns in unserer Atmung beengt fühlen, dann müssen wir tief durchatmen, locker werden, dem Körper mehr Ruhe gönnen. Nicht um die Anspannung zu unterdrücken, sondern um sie abzubauen und uns zu beruhigen. Nur dann können wir wieder wahrnehmen, was mit uns geschieht. Denn in einem entspannten Körper verringert sich auch die psychische Unruhe. Wiederholen wir diesen Prozess häufig, so dezimieren wir nach und nach eine der Ursachen für unsere Nervosität. Wenn wir es schaffen, die Wechselwirkung zwischen körperlicher und seelischer Anspannung zu unterbrechen, werden wir unsere Verspannungen schneller los.

 Entspannung bedeutet, den Körper auszuruhen, um so auch den Geist zur Ruhe zu bringen.

16. *Lächeln*

*Einem aufgesetzten Lächeln gegenüber warst du schon immer miss-
trauisch.* Du weißt, dass ein Lächeln, ebenso wie Worte, oft eine Lüge
verbergen oder Täuschungszwecken dienen soll. Und du weißt auch,
welch große Wirkung ein Lächeln haben kann. Neben dem Lächeln,
das uns etwas demonstrieren oder vortäuschen soll (»Seht her, wie gut
es mir geht und wie viel Selbstvertrauen ich habe!«), gibt es aber auch
ein Lächeln, das uns beruhigt und bestätigt. Diese einfache und ernst
gemeinte Art zu lächeln magst du sehr: bei einem Fremden, der dir
den Weg beschreibt, wenn du dich verlaufen hast, oder bei einem
Arzt, der dich beruhigt, wenn du Angst hast, oder bei einem Menschen, der dich freundlich empfängt, obwohl du befürchtet hast, ihn
zu stören. Du erkennst in diesem Lächeln ein Zeichen der stillen Verbundenheit: Herzlich willkommen, wir sind alle Mitglieder der großen Familie Menschheit.

Als du neulich in der Metro in all die traurigen Gesichter deiner
Mitreisenden geschaut hast, ist dir nach einem kurzen Blick auf
dein Spiegelbild in der Fensterscheibe aufgefallen, dass dein eigenes
Gesicht genauso traurig ist: trübsinnig und trostlos. Dabei hattest du
in diesem Moment gar keine Sorgen. Es gab nichts, das dir das Leben
schwer gemacht hätte. Trotzdem war dein Gesicht traurig. Daraufhin
hast du dir ein kleines, unauffälliges Lächeln abgerungen, einfach so,
um es auszuprobieren. Du hast dir gedacht, diese finstere Miene
kannst du dir auch für Tage aufheben, an denen es tatsächlich nicht
gut läuft. Und an den anderen Tagen, an normalen Tagen, wirst du in
Zukunft versuchen, ein bisschen zu lächeln. Es ist merkwürdig, aber

du hattest das Gefühl, dass dir das gutgetan hat: dieses kleine Lächeln, das nur dir selbst galt. Vielleicht wirkt ein Lächeln ja nicht nur nach außen, sondern auch nach innen?

»Ein Lächeln beansprucht fünfzehn Gesichtsmuskeln, eine grimmige Miene vierzig. Entspannen Sie sich: Lächeln Sie!« Die meisten von uns sind sich nicht bewusst, dass dieser Satz, den man so oft auf kleinen, kopierten Zetteln in Sekretariaten oder Verwaltungsbüros liest, auf fundierten neuropsychologischen Grundsätzen basiert. Es geht hier um ein unter Spezialisten für Emotionen wohlbekanntes Phänomen, das bewirkt, dass sich unsere Stimmung durch ein Lächeln hebt: das *facial feedback*.

Einer der amüsantesten Versuche zu diesem Phänomen besteht darin, sich mit einem Bleistift im Mund lustige Zeichnungen anzusehen. Dabei hält man den Stift einmal zwischen den Zähnen (versuchen Sie es, der Bleistift zwingt einen zu einer Grimasse, die einem Lächeln ähnelt) und einmal zwischen den Lippen (es entsteht ein trauriger Gesichtsausdruck). Der Versuch zeigt, dass wir Zeichnungen, die wir uns lächelnd – wenn auch ein bisschen erzwungen – anschauen, witziger finden als Zeichnungen, die wir mit heruntergezogenen Mundwinkeln betrachten. Dann sollten wir wohl auch das Leben besser mit einem Lächeln als mit grimmiger Miene betrachten ...

In einer anderen, sehr schönen und anrührenden Untersuchung ging es um Menschen, die erst seit Kurzem (ungefähr seit sechs Monaten) verwitwet waren. Es zeigte sich, dass diejenigen unter ihnen, denen trotz allem ein ehrliches Lächeln gelang, wenn sie an ihren verstorbenen Partner dachten (beispielsweise an das Glück, ihn gekannt zu haben), sich nach zwei Jahren meist deutlich besser erholt hatten. Das ist sicherlich darauf zurückzuführen, dass sie sich trotz Trauer und Einsamkeit an die gemeinsamen schönen und glücklichen Momente erinnern können. Hier ist es besonders wichtig zu bedenken, dass dieser Schutzmechanismus, der uns lächeln lässt, obwohl wir traurig sind, umso besser greift, wenn unser Lächeln aufrichtig ist. Es lässt sich sehr leicht feststellen, ob ein Lächeln echt oder falsch ist. Spezialisten für Körpersprache können auf Videoaufnahmen ein »aufgesetztes« Lächeln schnell erkennen. Es ist steif, maskenhaft und hat keinen Bezug zum Inneren. Es transportiert lediglich den Wunsch, sich gesellschaftlichen Konventionen anzupassen. Ein echtes Lächeln zeigt sich demgegenüber auf dem ganzen Gesicht und betrifft nicht nur die Mund-, sondern auch die Augenpartie. Es ist nahezu unmöglich, die Muskeln um die Augenpartie absichtlich und symmetrisch zu aktivieren.

Entgegen den Vermutungen von Pessimisten und Griesgramen ist die Fähigkeit zu lächeln, obwohl man traurig ist, weniger ein Zeichen von Gefühllosigkeit als vielmehr ein Beweis für Intelligenz.

Aber man muss es natürlich auch wollen. Wir sollten uns angewöhnen, all die schönen Momente, die sich im grauen Alltag verbergen, wahrzunehmen, egal mit welchenSorgen und Nöten wir gerade kämpfen.

Smiling in the rain ...

17. Die Schattenseiten des Materialismus

Letztendlich bist du dir nie so richtig sicher, ob dir das Einkaufen und die Schnäppchenjagd bei Schlussverkäufen wirklich Spaß machen. Ab und zu genießt du es, dich in all dieser Leichtsinnigkeit und Oberflächlichkeit treiben zu lassen. Es ist schon auch eine Art Glücksgefühl. Es macht glücklich, neue Kleider und hübsche Dinge zu kaufen, für sich selbst oder zum Verschenken. Aber manchmal deprimiert dich das alles auch, und dir wird fast schlecht dabei. Zumindest empfindest du ein seltsames Unwohlsein.

Du erinnerst dich an einen heftigen Anfall von Verzweiflung an einem Samstagnachmittag während des Schlussverkaufs. Du standest mit all deinen Taschen auf dem Bürgersteig und wolltest gerade das nächste Geschäft stürmen, als du dich plötzlich von der ganzen Szene distanziert hast. Weg vom Schlussverkauf, weg von alldem, in dem du gerade noch völlig gedankenlos herumgewühlt hast. Du hast das alles hinter dir gelassen, man könnte auch sagen, bist zu dir selbst zurückgekehrt. Du hast dich plötzlich hohl und leer gefühlt. Du hast dir merkwürdige Fragen gestellt: Brauche ich all diese Dinge wirklich? Möchte ich mit so etwas mein Leben ausfüllen? Sollte unsere Gesellschaft wirklich diesen Dingen nachjagen? Müssen wir immer mehr arbeiten, um immer mehr kaufen zu können? Wer oder was zwingt mich eigentlich dazu, so zu leben?

Über die Antwort auf diese Fragen musstest du nicht lange nachdenken, du kanntest sie schon. Es war vorbei. Für dich war der Schlussverkauf beendet. Du bist nicht so weit gegangen, all deine Einkäufe einfach auf den Boden zu werfen, auch wenn du kurz große Lust dazu *verspürt hast. Du hast sie behalten. Aber du bist langsam nach Hause gegangen und hast dabei einen alten Schlager aus deiner Jugend vor dich hin gesungen, der von Liebe und frischem Wasser handelt. Du warst wieder du selbst.*

Der zügellose Materialismus unserer Gesellschaft stellt eine Bedrohung für unser seelisches Wohlbefinden dar. In dem Maße, wie Luft- und Wasserverschmutzung und die Verseuchung unserer Lebensmittel unser körperliches Wohlbefinden beeinflussen, greift die Verseuchung der gesellschaftlichen Werte unser seelisches Wohlbefinden an.

Den Begriff Materialismus können wir folgendermaßen definieren: 1. Besitz, Macht und sozialer Status sind die wichtigsten Werte. 2. Das *Haben* erfährt mehr Wertschätzung als das *Sein*, das *Handeln* mehr als das *Leben*, das *Repräsentieren* mehr als das *Genießen*. 3. Der Konsum wird uns als Befriedigung all unserer Bedürfnisse und Bestrebungen verkauft.

Natürlich basiert jede Gesellschaft ein Stück weit auf Materialismus (was ja auch gewisse Vorteile hat). Für unsere moderne Gesellschaft gilt das aber ganz besonders. Seit den 1960er-Jahren leben wir in einer »Konsumgesellschaft«, und seit den 1990er-Jahren sogar in einer »Megakonsumgesellschaft«. Eine materialistische Gesellschaft begnügt sich nicht damit, unsere Bedürfnisse zu befriedigen, sondern versucht gleichzeitig, immer neue Bedürfnisse zu wecken. In der traditionellen Werbung wurde ein Produkt mit dem Versprechen angepriesen, dass es entweder ein Bedürfnis befriedigt oder ein Problem löst. Moderne Werbung tut zwar genau dasselbe, versucht aber parallel, ganz neue, noch unbekannte Bedürfnisse zu wecken. Produkte werden mit einem erstrebenswerten Lebensgefühl assoziiert: Ruhe verdanken wir einem dicken, geräuscharmen Auto, Hochgenuss einem leckeren Kaffee, Eleganz einem ausgezeichneten Sofa und so weiter. Es gibt in unserer Gesellschaft kluge Köpfe und Institutionen (Marketingabteilungen und Werbeagenturen), die ausschließlich damit beschäftigt sind, unsere Lust am Konsumieren zu steigern. Sie tun das, indem sie sich unserer Stimmungen bemächtigen. Man konnte nachweisen, dass Menschen, die traurig sind, mehr konsumieren. Das liegt daran, dass sie gedanklich nur mit sich selbst beschäftigt sind. Eine Gesellschaft, die unserem Ego schmeichelt und uns Konsumgüter im Überfluss bietet, begünstigt diese Reaktion entsprechend.

Oberflächlichkeit, Geschwindigkeit, Zerstreuung und Überfluss versperren uns den Zugang zu Langsamkeit und Introspektion. Sie hemmen unsere Fähigkeit, über uns selbst nachzudenken und so unser inneres Gleichgewicht aufrechtzuerhalten. Es entsteht eine große Verwirrung: Wir sind durcheinander, irritiert, unzufrieden, fühlen uns oberflächlich und abhängig von all den »käuflichen Zerstreuungen«, die unsere Umwelt uns bietet. Das ist nicht Reichtum, sondern Verseuchung. Nicht nur unser Konsumverhalten wird beeinflusst, sondern auch unsere Stimmungen. Dabei verhält es sich ähnlich wie mit Plastik oder Pestiziden: Die Schadstoffe reichern sich langsam in uns an. Alle Studien zu diesem Thema stimmen in diesem Punkt überein:

Je mehr eine Person oder Gruppe von materialistischen Werten getrieben wird, umso unglücklicher ist sie.

Der Materialismus beraubt uns unserer Identität und Menschlichkeit. Der amerikanische Philosoph Thoreau, der zwei Jahre lang in einer Hütte mitten im Wald gelebt hat, schreibt zu diesem Thema: »Ich glaube, dass wir unseren Geist unablässig missbrauchen, indem wir uns immer wieder belanglosen Dingen widmen und so all unseren Gedanken eine ordinäre Färbung geben.« Und: »Sobald sich der Mensch alle lebensnotwendigen Dinge beschafft hat, könnte er sich, anstatt sich auch die unnötigen Dinge zu beschaffen, einfach ins Leben wagen.« Und an anderer Stelle lesen wir: »Könnten wir Tag für Tag die Sonne beim Auf- oder Untergehen betrachten und uns so an eine universelle Erscheinung binden, würde das unsere Gesundheit für immer bewahren.« Nietzsche ging sogar noch ein Stückchen weiter, indem er schreibt, es seien »doch alle Ordnungen des Menschen darauf eingerichtet, dass das Leben in einer fortgesetzten Zerstreuung der Gedanken nicht gespürt werde«. Was hätten die beiden wohl zu unserem Jahrhundert gesagt? Es ist, wie Cioran schreibt: »Der Alptraum der Opulenz. Phantastische Anhäufungen von allem. Ein Überfluss, der Ekel erregt.«

Natürlich müssen wir auch die guten Seiten einer materialistischen Gesellschaft anerkennen: Unsere alltäglichen Lebensbedingungen (Heizung, Strom, fließendes Wasser, Toiletten ...) sind sehr viel komfortabler und angenehmer als die unserer Vorfahren. Es ist uns möglich, uns über weite Distanzen fortzubewegen.

(Wir können reisen und Menschen, die uns wichtig sind, oft besuchen, auch wenn sie in alle Himmelsrichtungen verstreut leben.) Es bringt nichts, die Vergangenheit zu verklären. Auch frühere Gesellschaften hatten ihre Nachteile: Langeweile und Monotonie konnten leicht zur Abstumpfung führen, und der Einzelne erstickte unter den Zwängen, die ihm die Gemeinschaft (Familie, Nachbarschaft, Gemeinde) auferlegte. Heute haben sich diese Nachteile ins Gegenteil verkehrt: Reizüberflutung und Angst vor Langeweile, eine Überbewertung des Einzelnen auf Kosten der Gruppe und vor allem die permanente Zerstreuung unserer Gedanken. Anstatt eine Rückkehr zu alten Gesellschaftsformen anzustreben oder die moderne Gesellschaft einfach hinzunehmen, müssen wir eine neue Gesellschaftsform finden. Da der materielle Fortschritt aber sehr viel schneller ist als die psychische oder geistige Entwicklung der Menschen, müssen auch wir uns seelisch weiterentwickeln. Moderne Gesellschaften investieren überwiegend in Produktion und Konsum, ohne dass dabei versucht würde, auch das seelische Gleichgewicht der Menschen zu verbessern. Weltweit sind die moralischen Werte von dieser Entwicklung bedroht.

Wir kämpfen für den Lebensraum wilder Tiere und Pflanzen ... Sollten wir da nicht auch für den Lebensraum unserer Seele kämpfen? Auch er ist in großer Gefahr.

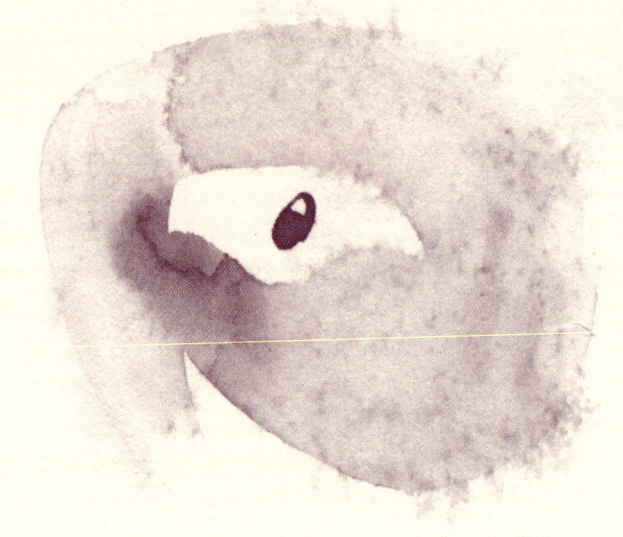

18. Das Hier und Jetzt

Neulich hast du am Bahnsteig auf den Zug gewartet. Du hast wirklich gewartet: immer wieder auf die Uhr gesehen, den Horizont beobachtet und dich gefragt, ob er wohl von rechts oder von links kommen würde. Dabei wusstest du genau, dass die geplante Abfahrtszeit erst in zehn Minuten sein würde. Du hast dir überlegt, ob es wohl ein Fernzug ist (in diesem Fall würde er nicht vor der geplanten Zeit ankommen) oder ob er seine Fahrt hier am Bahnhof beginnen würde (dann wäre er schon vor der Abfahrt am Bahnsteig und du könntest gleich einsteigen).

Kurz gesagt, du hattest den Kopf voll mit absolut uninteressanten Überlegungen. Glücklicherweise ist dir das bewusst geworden (was nicht immer der Fall ist …). Plötzlich konntest du dich selbst sehen, wie du auf deinen Zug gewartet hast, wie ein Hund, der darauf wartet, getätschelt zu werden. Du hast nichts gegen Hunde, das sind sympathische Tiere, aber trotzdem, jedem das Seine.

Also hast du dir gesagt, das ist jetzt aber »echt langweilig«, wie ein Kind es vielleicht formuliert hätte, und hast deine innere Haltung geändert: Anstatt etwas »zu tun« (warten), hast du in den »Einfach-nur-da-sein-Modus« gewechselt und angefangen, das Hier und Jetzt zu genießen. Du hast deine Uhr Uhr sein lassen, den Horizont am Ende der Gleise einfach vergessen und deine Aufmerksamkeit auf deine Atmung und Körperhaltung gelenkt. Du hast dich langsam aufgerichtet, deine Schultern nach hinten genommen und dann deine Ohren aufgesperrt und dich auf die Geräusche um dich herum konzentriert: auf das Stimmengewirr, den Lärm auf den Bahngleisen, das

101

Zwitschern der Vögel. Du hast geschnuppert wie ein Tier, das aus dem Unterholz kommt: dieser seltsame Geruch nach Metall und Beton, der sich auf Bahnhöfen verbreitet. Du hast das Licht dieses Frühlingsmorgens beobachtet, das langsame Anfahren eines Güterzugs ganz am Ende des Bahnsteigs, die Wolken, all die technischen Anlagen, die Schilder und die Gebäude in der Ferne. Fantastisch, was es alles zu sehen und wahrzunehmen gab.

Fantastisch, wie spannend und beruhigend es war, einfach nur voll und ganz da zu sein, anwesend in deinem Leben in diesem Augenblick.

Als du schließlich in deinen Zug eingestiegen bist, warst du gelassen wie noch nie. Du hast nicht eine Sekunde auf ihn gewartet, hast einfach nur dein Leben gelebt. Sonst nichts.

Allzu oft lassen wir unser Leben nur an uns vorüberziehen, sind abwesend. Entweder befinden wir uns schon in der Zukunft (warten, hoffen, sind ungeduldig, planen voraus, machen uns Sorgen) oder wir verweilen noch in der Vergangenheit (grübeln, bedauern). Nur selten sind wir wirklich in der Gegenwart präsent. Manchmal ist es sicherlich gut, vorauszuplanen oder noch einmal über Vergangenes nachzudenken. Die Unfähigkeit, bedingungslos in der Gegenwart zu leben, gilt inzwischen jedoch als ein Faktor, der Angstzustände und Depressionen maßgeblich begünstigt und das Glücklichsein im Allgemeinen erschwert. In der Psychotherapie wird daher sehr oft an diesem Problem gearbeitet, beispielsweise im Rahmen von »Achtsamkeitsmeditationen«.

In der Psychologie bedeutet Achtsamkeit, die Erfahrung des gegenwärtig durchlebten Moments bewusst wahrzunehmen. Man tut dies ohne Filter (akzeptiert, was kommt), ohne Beurteilung (vermeidet zu entscheiden, ob etwas gut oder schlecht ist, wünschenswert oder nicht) und ohne Erwartungen (wünscht sich nicht, dass etwas ganz Bestimmtes kommen oder geschehen soll).

Achtsamkeit ist also eine einfache Präsenz – einfach nur da sein –, die allerdings sehr schwer zu erlangen ist.

Denn es handelt sich dabei weder um Passivität noch um blinde Akzeptanz. Vielmehr erlaubt uns die Achtsamkeit, die Gegenwart mit einer gewissen Flexibilität zu durchleben. Das heißt, wenn wir wollen, haben wir auch die Möglichkeit, uns zurückzuziehen, und dessen sind wir uns stets bewusst. Jeder Mensch kann achtsam sein, wobei die Ausprägung dieser Fähigkeit sicherlich damit zusammenhängt, wie leicht es uns fällt, uns zu konzentrieren und zu öffnen. Aber wir können Achtsamkeit auch erlernen und durch Übungen gezielt weiterentwickeln.

Therapieformen, die auf Achtsamkeit basieren, bestehen aus einer Reihe einfacher Übungen, mit denen wir lernen, »unsere Gedanken hier und jetzt aufmerksam zu beobachten«. Man setzt sich hin, schließt die Augen und nimmt wahr ... wie die Gedanken in alle Richtungen auseinanderstreben! Darüber ärgert man sich zunächst, aber eigentlich ist das völlig normal. Unsere

Gedanken tun nur das, was sie immer tun und was ihnen unsere Art zu leben zur Gewohnheit hat werden lassen. Manchmal kann es ja auch ganz hilfreich sein, einen Verstand zu besitzen, der immer in Bewegung ist, immer nach Beschäftigung sucht, nach Ideen, die er umsetzen könnte. Ärgern wir uns also nicht über diese Unstetigkeit, die uns bei manchen Dingen auch gut zupasskommt. In Momenten, in denen wir uns in Achtsamkeit üben wollen, stört sie allerdings. Dennoch regen wir uns nicht auf, sondern fangen einfach wieder von vorne an.

Natürlich gibt es unzählige Varianten und Vertiefungen dieser Art Übung: Wir können uns auf unsere Atmung konzentrieren, auf Geräusche in der Umgebung oder auch auf die Empfindungen unseres Körpers. Eine weitere Variante wäre es, unsere Gedanken einfach vorüberziehen zu lassen und zu sehen, wohin sie uns führen wollen. Folgen dürfen wir ihnen aber nicht. Wir müssen immer wieder zur Übung zurückkehren und *einfach nur da sein*. Dabei sollte unsere Einstellung neugierig und positiv sein: nichts verurteilen oder verdrängen, aber auch nichts bewusst hervorrufen. Jeden Gedanken, der uns kommt, einfach nur zulassen und beobachten. Inwiefern unterstützen nun solche Übungen unser seelisches Gleichgewicht und helfen uns, besser zu leben? Ganz einfach indem sie uns ermöglichen, unsere Gedankengänge besser zu durchschauen. Wir neigen dazu, ständig abzuschweifen, an etwas anderes zu denken und die Dinge zu beurteilen. (»Diese Übung ist absurd. Außerdem nervt sie mich. Ich kann das nicht.«) Wir verzetteln uns, weil wir uns ständig zu neuen Gedanken hinreißen lassen. Lassen wir uns aber auf eine Achtsamkeitsmeditation ein, dann fällt es uns leichter, das als normal zu akzeptieren. Unsere Gedanken machen das einfach. Sie streben in alle Richtungen davon. Wir können nur in aller Ruhe daran arbeiten, dass sie es nach und nach immer weniger tun.

19. Achtsam leben

Du bist zufrieden mit dir. Schon seit drei Wochen hältst du dich an deine guten Vorsätze. Du stehst jetzt jeden Morgen ein paar Minuten früher auf, stellst dich aufrecht hin, ganz gerade, ruhig, und atmest tief durch. Du stehst vor deinem geöffneten Badezimmerfenster, mit Blick auf einen Baum im Innenhof. Ein Stück Himmel ist auch zu sehen, manchmal blau, manchmal grau. Und abends, bevor du zu Bett gehst, setzt du dich nicht mit einem Buch oder einer Zeitschrift aufs Sofa (oder noch schlimmer vor den Fernseher), sondern nimmst dir Zeit, über deinen Tag nachzudenken: Was war heute los? Was hast du erlebt? Was empfunden?

Du hast dir angewöhnt, ganz bewusst über dein Leben nachzudenken. Du kämpfst gegen den Drang an, ständig eine Aktivität, Überlegung, Herausforderung an die nächste zu hängen. Du versuchst, dich von diesen Zwängen zu befreien, zumindest immer mal wieder. Du nimmst dir ein paar Minuten Zeit, um darüber nachzudenken, was du aus den vergangenen Stunden und Tagen deines Lebens gemacht hast. Du befreist deine Seele und änderst deine Perspektive. Anstatt mit Scheuklappen vor dem geistigen Auge durchs Leben zu gehen, beobachtest du einfach nur den gegenwärtigen Augenblick.

Inzwischen hast du begriffen, wie sehr dich die alltäglichen »Zerstreuungen« von dir selbst entfremden, wenn du nicht aufpasst. Einkaufen gehen, lesen, fernsehen, Musik hören, all diese Dinge können dich davon abhalten, regelmäßig und in Ruhe über dich selbst nachzudenken. Es gelingt dir inzwischen, nicht automatisch das Radio anzuschalten, wenn du dich ins Auto setzt oder in die Küche kommst, *nicht automatisch zu einer Zeitschrift zu greifen, wenn du in einem Wartezimmer Platz nimmst, und dich auch nicht immer in ein Buch zu vertiefen, sobald du in öffentlichen Verkehrsmitteln unterwegs bist. Zumindest nicht sofort. Zunächst einmal nimmst du dir, trotz allem, die Zeit, ein bisschen in dir selbst zu lesen. Du versuchst, achtsam zu leben.*

Achtsamkeit hat viele Vorteile, nicht nur im Zusammenhang mit meditativen Übungen, sondern auch als täglich praktizierte Lebenseinstellung.

Die Fähigkeit, vom »Machen-Modus« in den »Sein-Modus« zu wechseln, ist ein gutes Beispiel dafür. Durch Achtsamkeit lernen wir mit der Zeit, wie wichtig es ist, in unserem Leben regelmäßig Momente heraufzubeschwören, in denen wir nicht »machen«, sondern «sind«. Therapeuten, die mit Achtsamkeit arbeiten, sprechen vom *doing mode (to do)* im Gegensatz zum *being mode (to be).* Befinden wir uns im »Machen-Modus«, kämpfen wir ständig um eine Verringerung der Diskrepanz zwischen dem Zustand, wie die Dinge sind (mein Gesprächspartner ist beispielsweise nicht einer Meinung mit mir) und unserem Wunsch, wie die Dinge sein sollen (er soll so denken wie ich). Befinden wir uns im »Sein-Modus«, akzeptieren wir die Dinge zunächst einmal, wie sie sind und beobachten sie aufmerksam – und, sofern uns das möglich ist, wohlwollend. (»Er ist nicht meiner Meinung, in Ordnung, dann werde ich ihm zunächst einmal zuhören und versuchen, ihn zu verstehen, bevor ich ihm meine Meinung nahebringe.«) Auch unsere eigenen Gedanken versuchen wir nicht sofort zu verändern, sondern wir arbeiten zuerst einmal an unserem Verhältnis zu ihnen. Befinden wir uns gerade im »Machen-Modus« und eine Sorge taucht in unseren Gedanken auf, so wird sie von einem schmerzhaften Druck begleitet, der dadurch entsteht, dass wir glauben, unbedingt eine Lösung finden zu müssen. Befinden wir uns dagegen im »Sein-Modus«, betrachten wir die Sorge erst einmal als das, was sie ist: ein Gedanke, der uns durch den Kopf geht. Wir müssen die Sorge nicht gleich aus dem Weg schaffen, sondern hören zunächst einmal ganz gründlich und tief in uns hinein. Wir ergründen, worin die Sorge eigentlich besteht und ob sie berechtigt ist. Dann versuchen wir zu spüren, was die Sorge mit uns macht, das heißt, wir nehmen ihre Auswirkungen auf unseren Körper wahr. Wir untersuchen sie in aller Ruhe und Klarheit. Man könnte auch sagen, wir »lassen ein bisschen die Luft raus«. Natürlich ist der »Machen-Modus« für uns unverzichtbar: Ohne ihn würden wir nichts zustande bringen. Dennoch dürfen wir nicht versuchen, ohne den »Sein-Modus« auszukommen. Ohne ihn werden wir unser Leben lang ausgelaugt, gestresst und niedergeschlagen sein und uns ständig fragen: Was tun wir eigentlich auf dieser Galeere?

Durch Achtsamkeit können wir lernen, einfach nichts zu tun, aber auf eine positive Art und Weise. Cioran schreibt dazu: »Das wahre Glück ist ein Bewusstseinszustand, der auf nichts Bezug nimmt, der nichts zum Gegenstand hat, in dem unser Bewusstsein die Fülle einer unendlichen Leere genießt.« Nichts tun: Ist das der ultimative Luxus? Ja, in unserem Zeitalter des Pragmatismus und der Hektik ist nichts tun tatsächlich der allergrößte Luxus. Sicher, wir leben auch in einer Zeit, die faszinierend und kreativ ist. Davon können wir aber nur dann voll profitieren, wenn wir auch in der Lage sind, in bestimmten Momenten nichts zu tun. Ich erinnere mich, wie ich einmal am Zimmer einer meiner Töchter vorbeiging, die ganz offensichtlich nicht ihre Hausaufgaben machte, so wie ich es ihr gesagt hatte. Ich fragte sie: »Sag mal, Schatz, was machst du denn da?« – »Äh, nichts ...« Und anstatt ihr zu antworten: »Wie? Nichts? Und deine Hausaufgaben?«, habe ich mich an all das hier erinnert und mich sagen hören: »Du machst nichts? Ausgezeichnet!« Darüber musste sie dann lachen. In ein paar Jahren muss ich unbedingt noch einmal mit ihr darüber reden. Vielleicht hat sie in diesem Augenblick ja eine Erfahrung gemacht, die ihr nützlich war.

Letztendlich hilft uns Achtsamkeit dabei, das Leben mehr zu genießen. Wir verstricken uns nicht in Grübeleien, weil wir sie viel schneller als solche erkennen. Und die guten Momente können wir viel besser auskosten, weil wir sie uns intensiver bewusst machen. Achtsam zu leben heißt ganz einfach, normal zu leben: zum Beispiel offen und sensibel zu sein und bereit, das Gewöhnliche und das Außergewöhnliche zu erfahren . Achtsam zu leben heißt, im Hier und Jetzt leben. Egal wie kompliziert, verwirrend, unvollkommen und wechselhaft ein solches Leben ist.

Wir neigen dazu zu glauben, das Leben – das *wahre, gute* Leben – werde erst dann beginnen, wenn wir all unsere Probleme gelöst haben. Aber das stimmt nicht. Es hat schon längst angefangen, vergraben unter unseren Schwierigkeiten und unserer Unzufriedenheit.

Wir sind längst bereit für das Glück und die Schönheit.

20. Weisheit

Manchmal regst du dich völlig grundlos oder wegen Kleinigkeiten auf. Manchmal entscheidest du dich viel zu schnell, und manchmal kannst du dich überhaupt nicht entscheiden. Manchmal bemerkst du sehr wohl, dass du Dummheiten machst: Du isst zu viel, trinkst zu viel, gibst zu viel Geld aus, redest zu viel. Und dennoch kannst du dich nicht zurückhalten, vielleicht willst du es auch nicht, oder du weißt nicht wie. In solchen Momenten, besser gesagt danach, tut es dir dann leid. Du sagst dir, dass du wieder einmal kein leuchtendes Beispiel für andere warst. In Zukunft solltest du wirklich etwas vernünftiger sein. Es hat dich schon immer ein bisschen verwundert, dass die Unvernunft heutzutage so oft bejubelt wird, insbesondere in der Welt des Konsums und der Werbung: »Seien Sie mal unvernünftig!«, »Erlauben Sie sich ein bisschen Leichtsinn!«, »Es ist gar nicht schwer, auch mal verrückt zu sein!« Das muss man doch nicht lernen, nicht auch noch dazu gedrängt werden. Zumindest, was dich anbelangt. Vernunft hingegen ... Unvernünftig warst du schon immer ganz spontan. Die seltenen Momente, in denen du vernünftig warst, haben dich hingegen immer eine gewisse Anstrengung gekostet: In der Schule warst du vernünftig, weil du einerseits Angst vor der Lehrerin hattest, ihr andererseits aber auch eine Freude machen wolltest, und weil du dich insgeheim wohl gefühlt hast, wenn du vernünftig warst. Du hast den Eindruck, Vernunft macht einen glücklicher als Leichtsinn. Anflüge von Leichtsinn sind aufregend, befreien, bringen Genuss – und danach Leiden. Vernunft scheint dir da ein besserer Ausgangspunkt zu sein, eine bessere Lebensgrundlage.

Genau das ist der Punkt. Du würdest das Verhältnis gerne umdrehen: Du willst ein vernünftiger Mensch sein, der sich nur von Zeit zu Zeit gehen lässt. Irgendwo hast du diese Lebensweisheit von La Rochefoucauld gelesen: »Wer ohne Narrheit lebt, ist nicht so weise, wie er glaubt.« Das stimmt, aber du würdest dem gerne noch hinzufügen: »Und wer ohne Weisheit lebt, kann seine Narrheit nicht so gut auskosten.« Darüber musst du lächeln, über diesen Traum vom perfekten Verhältnis von Vernunft und Leichtsinn. Aber du sagst dir, dass du es eines Tages ja vielleicht schaffen wirst.

Mir gefällt diese Vorstellung von Vernunft, oder man könnte auch sagen Weisheit. Sie gefällt mir auf eine naive Art, wie wenn man Gefallen an einem Konzept findet, von dem man keine Ahnung hat. Moderne Philosophen warnen gerne vor der Idee der Weisheit, stellen ihren Nutzen in Frage und auch den Sinn, nach ihr zu streben. Sie betonen sogar, wie wichtig es sei, allen, die sich Weisheit auf die Fahnen schreiben, zu misstrauen. Pascal schreibt: »Der Mensch ist weder Engel noch Tier, und

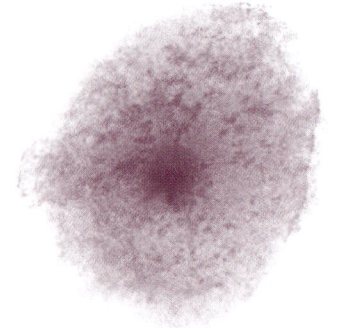

das Unglück will, dass derjenige, der ihn zum Engel machen möchte, ihn zum Tier macht.« Auf ähnliche Weise scheint uns unser Zeitalter zu suggerieren, dass Menschen, die Weisheit anstreben, einfach nur verrückt oder naiv sind. Letztendlich ist es ein bisschen so wie mit dem Glück: Der Begriff »Weisheit« ist fast zu einem Unwort geworden, man überlässt ihn den Narren, den Ungebildeten, den Trotteln oder den Nutznießern der menschlichen Naivität.

Dennoch ist Weisheit in den Augen der meisten von uns ein Ziel, auf das wir uns gerne zubewegen möchten. Keiner von uns würde sagen: »ich bin weise«, aber jeder behauptet gerne von sich, er sei »weiser geworden«, und belegt dies mit ein paar Anstrengungen und Lebenserfahrungen. Schließlich ist das ja nicht dasselbe. Wir möchten uns gerne zu etwas Besserem hin entwickeln, unser Leid verringern, denn nur so ergeben unsere Fehler und Irrwege letztendlich einen Sinn.

Im Übrigen sind wir gut beraten, wenn wir den Begriff »Weisheit« nur sehr vorsichtig gebrauchen. Wer würde es wagen zu behaupten, wirklich weise zu sein? Wer hat schon das Gefühl, den endgültigen Zustand der Weisheit erlangt zu haben? Uns allen ist klar, dass es sich bei Weisheit nur um einen vorübergehenden Zustand handeln kann. Das bedeutet aber nicht, dass wir aufhören sollten, nach mehr Weisheit zu streben. Aber wie fangen wir am besten damit an?

Jeder Mensch kann im Laufe seines Lebens ein paar weise Sprüche von sich geben oder weise Dinge tun. Daher ist es sicherlich klüger, sich an den großen, uns überlieferten Weisheitslehren zu orientieren, als blind einzelnen »weisen« Führern zu folgen. Denn auch diese angeblich weisen Menschen können natürlich nie in allen Lebensbereichen und in jeder Situation weise sein. Eine ähnliche Richtung verfolgen Untersuchungen der positiven Psychologie. Anstatt dem Diskurs der großen Philosophen zu folgen, versucht man zu beobachten, wie Weisheit im täglichen Leben zum Ausdruck kommt. Anhand zweier Antwortbeispiele aus einer Studie zu diesem Thema lässt sich diese Vorgehensweise gut verdeutlichen. Die Teilnehmer sollten sich zu folgendem Fall äußern: Ein 15-jähriges Mädchen möchte jetzt sofort heiraten. Mehr Informationen dazu gibt es nicht. Was ist davon zu halten?

Hier eine Antwort, die als nicht sehr weise eingestuft wurde: »Nein, mit fünfzehn zu heiraten ist keine gute Idee. Man muss dem Mädchen sagen, dass eine solche Heirat unmöglich ist.«

Und dem gegenüber steht eine Antwort, die als weise bewertet wurde: »Das scheint auf den ersten Blick einfach zu beurteilen zu sein. Im Allgemeinen ist eine Heirat mit fünfzehn keine gute Idee. Obwohl es natürlich nicht wenige junge Mädchen gibt, die darüber nachdenken, wenn sie sich das erste Mal verlieben. Dennoch kommt man im Leben oft in Situationen, in denen man nicht mit ›im Allgemeinen‹ argumentieren darf. Vielleicht haben wir es in diesem Fall ja mit besonderen Umständen zu tun. Vielleicht ist das Mädchen todkrank und hat nicht mehr lange zu leben. Vielleicht hat es auch seine Eltern verloren oder es lebt in einem Land, mit einer anderen Kultur. Vielleicht sogar in einer anderen Epoche?«

Es wird deutlich, dass die weise Antwort – einmal abgesehen davon, dass sie viel länger und komplizierter ist – sehr viel weiter ausholt. Aufgrund der Unsicherheiten und fehlenden Informationen werden zahlreiche Möglichkeiten in Betracht gezogen, bevor wirklich Stellung bezogen wird. Man fragt sich: Wer ist dieses junge Mädchen? In welcher Situation genau befindet es sich? Wo lebt es?, und so weiter.

Im Alltag kann die Weisheit beispielsweise darin bestehen, dass wir versuchen, unseren Gesprächspartnern erst einmal zuzuhören und ihr Anliegen zu verstehen, bevor wir uns ein Urteil bilden. Das ist selbstverständlich? Na ja … In der Praxis bedeutet zuhören für viele von uns lediglich, dass wir uns unsere eigenen Antworten und Argumente zurechtlegen. Weisheit erfordert also, dass wir eine gewisse Distanz einnehmen können, nicht nur zu dem betreffenden Thema, sondern auch zu uns selbst: Wir müssen uns von unseren momentanen Interessen und Meinungen lösen und sie als persönliche Ansichten wahrnehmen, nicht als allgemeingültige Fakten.

 Es kann sehr lehrreich sein, weises Verhalten in Alltagssituationen zu beobachten.

Ein kleines Mädchen (sechs Jahre alt) wird von seinen beiden älteren Schwestern (acht und zehn Jahre) in einen Streit verwickelt. Es geht darum, wer hinten im Auto auf den besten Plätzen sitzen darf. Alle möchten die Fensterplätze, keines der Mädchen möchte in der Mitte sitzen. Als das kleine Mädchen bemerkt, dass sich die Auseinandersetzung in die Länge zieht und die Eltern anfangen, genervt zu reagieren, opfert es sich, obwohl es auch gerne einen Platz am Fenster gehabt hätte: »Ich nehme den Platz in der Mitte, damit wir endlich losfahren können.« Sein Motiv für diese Geste ist vielschichtig und hochinteressant. Inwieweit ist seine Entscheidung zu verzichten, auf seine Sensibilität zurückzuführen? (»Ich kann diesen Streit nicht mehr aushalten, am Ende werden alle unglücklich sein.«) Inwieweit ist seine Intelligenz dafür verantwortlich? (»Sie schaffen es noch, dass unsere Eltern richtig sauer werden. Und dann macht die ganze Reise keinen Spaß.«) Und inwieweit spielt vielleicht seine innere Weisheit eine Rolle? (»Ach was, dieses ganze Theater wegen eines Sitzplatzes ist doch absurd. In der Mitte sitzt man auch nicht schlecht.«) Sollten sich die Eltern Sorgen machen, weil sich die Kleinste für die Größeren »opfert«? Oder sollten sie sich nicht lieber darüber freuen, dass sie ihre Fähigkeit, weise zu reagieren, unter Beweis gestellt hat? Denn etwas später, als sich der Streit beruhigt hat, macht sie mit ihren Schwestern in aller Ruhe ab, dass sie sich abwechseln werden. Dadurch hat sie erreicht, nicht die gesamte Reise auf dem »schlechten« Platz sitzen zu müssen. Letztendlich hat sie also den Konflikt mit sehr wenig emotionalem Aufwand gelöst und dabei noch eine gerechte Lösung für alle gefunden.

Hier noch eine weitere Lektion (ich liebe Lektionen zum Thema »Weisheit«): Vor ein paar Jahren rief mich die Presseabteilung eines Gesundheitsunternehmens an, mit der dringenden Bitte, eine sehr umfangreiche Arbeit über depressive Erkrankungen zu redigieren. Es war Donnerstag, und die Arbeit sollte am folgenden Montag fertig sein. Für mich hätte das bedeutet, das gesamte Wochenende Tag und Nacht zu arbeiten. Natürlich war das Ganze in Anbetracht der Dringlichkeit und der Menge an Arbeit sehr gut bezahlt. Nach langem Zögern entschied ich mich jedoch, nein zu sagen. Mein Wochenende war schon verplant mit familiären Verpflichtungen, und alles abzusagen hätte ich einerseits schade gefunden (für mich und meine Lieben) und andererseits wäre es auch kompliziert geworden. Also bot ich die Arbeit einem Freund vom Sainte-Anne-Krankenhaus an mit dem Hinweis, dass es sich um ein lukratives Projekt handelte. Er hörte mir höflich zu, und als er dann über alle Details informiert war, sagte er, ohne auch nur eine Sekunde zu zögern, nein. Und mit einem Lächeln fügte er noch hinzu: »Ich wäre sogar bereit, die besagte Summe zu bezahlen, um diese Arbeit unter diesen Bedingungen *nicht* machen zu müssen!«

Letztendlich haben wir unter unseren Kollegen einen unverheirateten jungen Mann gefunden, der die nötige Zeit und Energie hatte und der mit seiner Entscheidung, das Wochenende zu opfern und zwei Nächte mit viel Koffein durchzumachen, niemanden enttäuschte. Die Weisheit meines ersten Kollegen hat mir jedoch noch lange zu denken gegeben: Ohne zu zögern hatte er entschieden, dass ihm die glücklichen Momente des bevorstehenden Wochenendes mehr bedeuteten als Geld.

21. Erwachen

Ein Tag im September. In einer plötzlich aufgekommenen Windböe fällt ein Platanenblatt in unnachahmlicher Anmut vom Baum – zwanzig Zentimeter nach rechts, dann abrupter Richtungswechsel, zehn Zentimeter nach links, langsame halbe Drehung, schnelle Kehrtwende –, aber alles sehr harmonisch. Das Blatt ist tot. Du bleibst stehen, um seinen Fall zu beobachten. Es schwebt an deiner Nase vorbei, streift deine Brust und fällt direkt in deine Hände, die sich wie von selbst geöffnet haben. Anstatt es abzuwehren, es wegzuwerfen und weiterzugehen, hältst du inne, schaust es dir genau an und atmest tief durch. Du fühlst dich durch und durch lebendig. Vor ein paar Sekunden warst du noch wie ein Roboter, der auf seinem Weg zur Arbeit über den bevorstehenden Tag nachgedacht hat. Wie kommt es, dass dich ein Blatt so sanft aus deinen Gedanken reißen konnte? Weshalb bist du gerührt und wie ausgewechselt? Woher kommt dieses Gefühl der Harmonie, dieser Eindruck, dass alles an seinem Platz ist? Einige Zeit später hat dir ein Freund gesagt, du hättest dieses Blatt genauso gut als schlechtes Omen deuten können: Ein Zeichen für die Sterblichkeit aller Dinge, die Vergänglichkeit allen Lebens, auch deines Lebens. Aber nein, eher das Gegenteil war der Fall. Das herabschwebende Blatt hat in dir ein Gefühl für die Ewigkeit aller Dinge geweckt.

Diese Augenblicke, in denen wir aus unserem Alltag hinaustreten und, langsam oder auch abrupt, alle Automatismen und Gewohnheiten, in die wir eingebunden sind, hinter uns lassen, sind extrem wichtig. Sie sind wie eine Autobahnausfahrt. Man könnte auch sagen, wir verlassen die vorgezeichnete Strecke. Es sind Erfahrungen des Erwachens. Wir waren eingeschlafen oder wie betäubt von der Eintönigkeit des Vorhersehbaren und Althergebrachten, hatten uns von uns selbst und vom Leben entfernt. Und plötzlich werden wir aus dieser vorhersehbaren, uns in Sicherheit wiegenden Monotonie herausgerissen.

Solche Erfahrungen sind eigentlich nichts Außergewöhnliches in unserem Leben. Wir laufen jedoch Gefahr, sie nicht genügend zu beachten. Sie wahrzunehmen setzt voraus, dass wir unserer Verletzlichkeit und Aufnahmefähigkeit genügend Raum lassen. Solange wir innerlich verschlossen sind, gefangen in unseren Besitztümern, Sorgen, Verpflichtungen und Arbeit, oder noch schlimmer, völlig absorbiert von Grübeleien, können wir diese Art von Erfahrung nicht machen.

Im Allgemeinen wird eine Erfahrung des Erwachens von folgenden Faktoren bestimmt: einer besonderen Aufnahmefähigkeit (diese kann ganz unterschiedliche Gründe haben: Erschöpfung, Depressionen, Gelassenheit ...), oder von einem Detail, das unseren Alltag unterbricht, und dem Gefühl, es geschieht gerade etwas ganz Besonderes und Unbeschreibliches. Etwas, das gleichzeitig Problem und Lösung, Frage und Antwort ist, oder sogar jenseits von alledem liegt. Aber dieses Etwas ist als solches zunächst einmal völlig ohne Zweck oder Ziel. Es ist zwar deutlich wahrnehmbar, aber nicht explizit: Ein Moment des Erwachens sagt uns nicht, *was* zu tun ist, sondern nur, dass wir etwas *tun müssen* – oder tun *sollten*. Oder auch, dass wir eben *nichts* tun dürfen. Die Erfahrung des Erwachens ist auch deshalb ohne

Zweck oder Ziel, zumindest zu Beginn, weil sie nicht in Worten ausgedrückt werden kann. Handelt es sich beispielsweise um einen Satz, der uns auf einmal bewusst wird (manche Erfahrungen des Erwachens erinnern an einen Schrei, den »irgendetwas« in uns ausstößt), so dauert es sehr lange, bis wir diesen begreifen. Das Erwachen ist wie eine Erleuchtung, manchmal begleitet von einem physisch spürbaren Ruck. Der Körper kann an einer solchen Erfahrung beteiligt sein: Wir können Leichtigkeit empfinden oder Schwere, wir werden uns in jedem Fall anders fühlen als noch einen Augenblick zuvor. Fast immer hat man ein verändertes Zeitempfinden: Die Zeit bleibt stehen. Wir befinden uns wie in einer psychischen Zeitlupe. Der Dichter Christian Bobin spricht hier von einem »Zustand der stillen Umwälzung«.

Es ist an uns, unsere Aufnahmefähigkeit zu kultivieren und unser Leben wirklich bewusst wahrzunehmen. Wir sollten nicht ständig über die Zukunft oder die Vergangenheit nachgrübeln, uns nicht immer wünschen, irgendwo anders zu sein oder selbst anders zu sein. Unser Leben findet hier und jetzt statt.

Daran erinnert uns schon Meister Eckhart, ein Mystiker aus dem Mittelalter, in seinen *Reden der Unterweisung:* »Gott kommt uns sehr oft besuchen, aber meistens sind wir nicht zu Hause.« Wir können uns also ruhig dreimal täglich drei Minuten Zeit nehmen, um zu überprüfen, wo wir mit den Gedanken gerade sind, und uns die Frage stellen: »Bin ich eigentlich gerade bei mir?« Ja, wir sind da. Lebendig. Präsent. Achtsam …

22. Das Glück
als vergängliche
Erfahrung
akzeptieren

Du hast lange Zeit geglaubt, ein Problem mit dem Glück zu haben. *Du hattest das Gefühl, deine eigenen Glücksmomente waren nie so gut wie die der anderen. Nicht so intensiv, nicht so andauernd, nicht so rein. (Bei dir gab es da immer einen kleinen Haken.) Das hat dir lange das Leben vermiest. Selbst dann, wenn du eigentlich glücklich warst, hast du dich immer mit sinnlosen Fragen gequält: »Bin ich auch wirklich glücklich?«, »Ist das nun das Glück?« Deine Glücksmomente erschienen dir erst perfekt, wenn sie schon längst vorüber waren. Wie in dem Zitat »Glück, ich habe dich erst am Lärm erkannt, den du gemacht hast, als du gegangen bist«. Es stammt von Raymond Radiguet, der bei seinem Tod erst 20 Jahre alt war. Auf den letzten Seiten seines wichtigsten Werks* Den Teufel im Leib *schreibt er: »Ein unordentlicher Mensch, der dem Sterben nahe ist und nichts davon ahnt, fängt mit einem Male an, überall Ordnung zu schaffen. Er ändert seine Lebensweise, sichtet seine Papiere. Er steht früh auf, geht zeitig zu Bett. Er gewöhnt sich seine Laster ab. Seine Umgebung ist entzückt. Umso ungerechter erscheint dann sein plötzlicher Tod. Endlich hätte ein glückliches Leben für ihn begonnen.«*
Du kennst dieses Gefühl. Nachdem du lange Zeit ein Meister des retrospektiven Glücks warst, hast du dich zum Meister des vergänglichen Glücks gewandelt. Nie hat dich ein Sonnenuntergang mehr berührt als die Abenddämmerung an deinem letzten Urlaubstag. Kein Kuss hat dich je so aufgewühlt wie der letzte Kuss vor einer langen Trennung. Und kein Treffen mit deinem Vater hat dich mehr berührt als eure letzte Zusammenkunft vor seinem Tod (und du wuss-

test, dass er sterben würde). Um es kurz zu machen, mit dir und dem Glück war es schon immer so eine Sache. Euer Verhältnis war schon immer ein bisschen verkorkst und unglückselig.

Aber mit den Jahren hat sich das geändert. Dir ist klar geworden, dass nicht das Glück selbst das Problem ist, sondern deine Erwartungen. Du wolltest Intensität, Reinheit und Ewigkeit. Wie kommt es, dass du jetzt plötzlich begriffen hast, wie falsch diese Erwartungen waren? Wer weiß? Sicher hängt es mit deinen Lebens- und Selbsterfahrungen zusammen, oder einfach nur mit der Zeit, die inzwischen vergangen ist. Vielleicht kommt diese Einsicht ja mit dem Alter von ganz alleine. Wie auch immer, du hast es jetzt verstanden. Heute bist du in der Lage, auch das kleinste Fitzelchen Glück zu genießen, ohne dir zu viele Fragen zu stellen. Man könnte auch sagen, du machst es jetzt in der richtigen Reihenfolge: zuerst genießen, dann nachdenken.

Dieses seltsame Gefühl, dass Traurigkeit manchmal nur vergangene Freude ist, ein Glücksgefühl, dessen Zeit gekommen ist ... Wenn wir uns zu sehr an unser Glück klammern, kann es in Traurigkeit umschlagen. Wir müssen begreifen, dass das Leben weitergeht, müssen vergangenes Glück hinter uns lassen und akzeptieren, dass wir auf unserem Weg sehr viele große und kleine überlebte Glücksmomente zurücklassen. Wir dürfen uns nicht an das Glücksgefühl selbst binden und uns damit an ihm festklammern, sondern müssen uns an die Idee von Glück halten. Intensität und Schmerzlichkeit des Glücks liegen in seiner Vergänglichkeit begründet. Das lehren uns schon unsere persönlichen Erfahrungen, es wird aber auch durch zahlreiche Untersuchungen zu diesem Thema bestätigt. Bittet man Testpersonen beispielsweise, sich vorzustellen, dass sie sich an einem geliebten Ort befinden, dass es aber das letzte Mal sein wird, so sind ihre Gefühle zwar positiv, aber vielschichtiger als die von Personen, die gebeten werden, sich lediglich vorzustellen, an ihrem Lieblingsplatz zu sein. Vielfalt und Komplexität unserer emotionalen Erfahrungen mit dem Glück haben also weniger mit den großen, reinen und aufrichtigen Glücksgefühlen zu tun – die ja immer auch ein bisschen naiv und unreflektiert sind. Sie resultieren vielmehr aus jenen Stimmungen, die aus dem Bewusstsein darüber entstehen, dass dieses Glück endlich ist, aus unserem Wissen um seine Sterblichkeit und Vergänglichkeit. Das Bewusstsein, dass Glück zeitlich begrenzt ist, erlaubt es uns auch, die Augenblickserfahrung zeitlich auszudehnen, sogar bis ins Unendliche.

 Ein einziger Glücksmoment kann uns ein Gefühl von Ewigkeit schenken.

Andere Studien haben ganz allgemein gezeigt: Je mehr wir uns der eigenen Vergänglichkeit bewusst sind, umso mehr suchen und bevorzugen wir Beschäftigungen, die uns sinnvoll erscheinen. (Meist geschieht dies auf ganz banale und undramatische Weise wie bei Testpersonen, denen man ein Zeitlimit vorgibt). Es ist eine gute Methode, unsere Existenzängste positiv zu nutzen. (Dazu fordere ich übrigens auch meine Patienten immer wieder auf.) Je mehr wir uns ängstigen, umso größer ist unser Interesse, uns den Dingen zuzuwenden, die für unser Leben wirklich von

Bedeutung sind. Wir wollen aktiv werden, ihnen näher kommen, sie sofort genießen. Beispielsweise indem wir einfach nur innehalten, die eigene Atmung spüren, spüren, dass wir am Leben sind, den Kopf heben, hinausgehen und den Himmel betrachten. Wir müssen uns bewusst machen, dass wir, wenn wir tot sind, nicht nur keine Sorgen mehr haben, sondern auch all das nicht mehr genießen können. Was ist uns also lieber?

Ganz offensichtlich hat all dies mit einem intensiveren Zeitempfinden zu tun, mit dem Gefühl, dass die Zeit vergeht und nicht zurückgeholt werden kann. Je älter wir werden, umso mehr werden wir uns bewusst, dass manche Glücksmomente nicht wiederkehren werden (manche Menschen entwickeln auch schon sehr früh ein Gespür dafür). Denken wir an unsere Eltern, die immer älter, und an unsere Kinder, die erwachsen werden, oder an die letzten Jahre im Gymnasium oder an der Universität, wird uns bewusst, dass wir die Freunde und Kommilitonen bald nicht mehr treffen werden. Schaffen wir es nicht zu akzeptieren, dass dies alles unumgänglich ist, kann das zu Ängsten führen. Wir müssen den Tatsachen mit Weisheit und Klugheit begegnen und uns den Freuden der Gegenwart zuwenden, nicht den unsicheren Aspekten der Zukunft, die sich durch unsere Ängste oft in negative Überzeugungen verwandeln.

Es gibt in unserem Leben viele letzte Male, deren wir uns gar nicht bewusst sind: das letzte Mal, dass wir einen Freund treffen, einen bestimmten Ort besuchen oder ein Musikstück hören. Es ist ein großes Glück, dass wir uns dessen nicht bewusst sind. Es macht uns das Leben leichter. Müssten wir uns immerzu fragen:

»Ist dies das letzte Mal, dass ich das hier tue, erlebe oder sehe?«, so würde uns das sehr belasten. Ab einem gewissen Alter werden diese letzten Male dann ganz offensichtlich. Wir können sie nicht mehr ignorieren. Eine meiner Patientinnen erzählte mir einmal, wie intensiv sie ihre letzte Schwangerschaft erlebte, wie sie das letzte Kind, das noch zu Hause war, liebevoll umsorgte. Eine andere Patientin erzählte mir begeistert von ihrer letzten großen Liebe als junge Frau, »vor den Wechseljahren«, denn alles, was danach kam, war für sie »Seniorinnenliebe«.

Mit fortschreitendem Alter werden Begegnungen, Reisen und Ereignisse, von denen wir genau wissen, dass es das letzte Mal sein wird, immer häufiger. Was wollen wir also daraus machen? Glückliche oder unglückliche Erfahrungen?

23. Glücklich leben und sterben

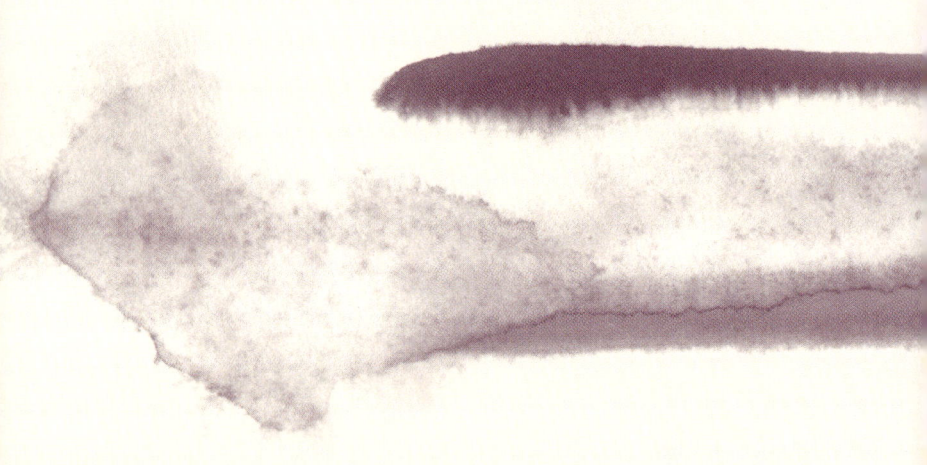

Es ist ein milder Sommertag, sehr sonnig, aber nicht drückend heiß. *In deinem Viertel ist es sehr ruhig. Es ist mitten in der Woche, früher Nachmittag.*

Du gehst die Straße entlang, erfüllt von der friedlichen Stimmung, die sich in deinem gesamten Körper ausbreitet. Du bist vor einem Gartentor angelangt. Dahinter entdeckst du ein Haus, dessen Rollläden halb heruntergelassen sind. Der Garten ist verwildert, wirkt aber nicht verlassen: Da sind Blumenbeete, eine Gießkanne, Werkzeug.

Du bleibst stehen, und augenblicklich verschwindet das Gefühl von Leichtigkeit. Du näherst dich dem Tor. Ein merkwürdiger Gedanke, fast schon eine Überzeugung, steigt in dir auf: Hinter diesen Rollläden liegt jemand im Sterben. Vor deinem inneren Auge taucht plötzlich das Bild eines älteren, bettlägerigen Menschen auf, der hinter diesen Rollläden sein Leben in aller Stille und Verborgenheit zu Ende lebt, während sich ringsumher das Leben und die Freude breitmachen. Du bleibst stehen, holst tief Luft, lauschst. Plötzlich bekommst du Herzklopfen. Du weißt nicht, was du tun sollst: An der Tür klingeln? Davonrennen? Weinen? Du fühlst dich plötzlich außerhalb dieser einfachen, strahlenden und zuversichtlichen Welt, in der du noch vor wenigen Augenblicken zu Hause warst.

Du bist verstört, hast das Gefühl, nichts daran ändern zu können. Eine innere Stimme flüstert dir zu, dass das, was du eben erlebt hast, von großer Bedeutung für dich ist.

Wenn dir diese Stimme früher solche Gedanken über das Leiden und den Tod zugeflüstert hat, obwohl du eigentlich gerade glücklich warst,

131

hat dich das gestört. Solche Gedanken schienen dir unvereinbar mit deinem Glück. Also hast du alles getan, um sie zu verjagen. Damals war das ziemlich leicht, es waren ja nur abstrakte Vorstellungen, die nichts mit dir zu tun hatten. Heute aber sind es Realitäten, die langsam näher rücken. Wenn du heute an den Tod denkst, kannst du hören, wie das Echo dieser Gedanken in deinem Körper widerhallt. Du bist älter geworden und sensibler, ganz besonders was diese Dinge angeht. Deine innere Stimme flüstert dir auch zu, dass du die Gedanken an den Tod nicht vertreiben, sondern dich für alles, was du in diesem Moment empfindest, öffnen solltest. Du solltest diesen Augenblick mit dir nehmen. Wie den Körper eines kleinen toten Tieres. Oder besser: wie die Erinnerung an seinen Körper und seinen Tod. Du wirst sonst nie mehr glücklich sein, nur noch blind.

Dein Herz hat jetzt wieder aufgehört zu klopfen. Du stehst noch immer vor dem Gartentor. Du atmest jetzt tiefer, fühlst dich zerbrechlicher und klüger. Ergriffen von einer schmerzlichen, aber auch beruhigenden Erkenntnis. Du hast das Gefühl, dem Totenreich ein paar Schritte näher gewesen zu sein. Aber jetzt bist du wieder in die Welt der Lebenden zurückgekehrt, in der die Sonne scheint und die Luft mild ist.

Du empfindest das einfache Glück, lebendig zu sein.

Dankbarkeit.

Friede.

Du kannst jetzt weitergehen.

Das menschliche Glück hat zwei Seiten, die jeweils untrennbar mit unserem Bewusstsein verbunden sind.

Die eine Seite unseres Glücks ist dem Wohlbefinden zugewandt: Glück als ein Akt der Bewusstwerdung, als Wahrnehmung, am Leben zu sein und sich wohl zu fühlen. Die andere Seite ist dem Tod zugewandt: Wir sind *morituri* (»solche, die sterben werden«), und wir sind uns unserer Sterblichkeit bewusst. Derselbe Akt der Bewusstwerdung, der uns befähigt, Wohlbefinden in Glück zu verwandeln, öffnet uns gleichzeitig auch die Augen für die Vergänglichkeit des Glücks und unseres Lebens. Glück und Schrecken existieren nah beieinander. Unser Glücksempfinden ist gleichzeitig auch das Gegenmittel für unsere zwanghafte Angst vor dem Tod, weil es uns eine Ahnung von Unsterblichkeit gibt. Empfinden wir Glück, läuft die Zeit langsamer, bleibt stehen oder löst sich sogar auf. Glück ist aber auch ein mächtiges und aufrüttelndes Mahnmal der Vergänglichkeit. Alles geht zu Ende: Glücksgefühle verschwinden und Menschen sterben. Glück ist also in gewisser Weise ein »tragisches« Gefühl. Tragisch in dem Sinne, dass wir uns in glücklichen Momenten unseres eigenen Schicksals und unserer Sterblichkeit bewusst werden. Es ist die Akzeptanz des menschlichen Schicksals unter Einbeziehung von Leiden und Tod. Und Glück ist die Antwort auf die unumgängliche Frage: »Wie können wir damit leben?«

Der Philosoph André Comte-Sponville schreibt: »Tragisch ist all das, was der Versöhnung widersteht, den guten Gefühlen, dem glückseligen oder auch zögerlichen Optimismus.« Oje ... Und dann: »Genau so ist das Leben, ohne Rechtfertigung, ohne glückliche Fügungen, ohne Pardon.« Ja, ja, ist ja gut ... Und am Ende präzisiert er: »Es ist das Gefühl, dass wir die Realität entweder annehmen oder verweigern können, wobei der freudige Wunsch, sie anzunehmen, überwiegt.« Puh, wir können aufatmen. Zu guter Letzt fügt er noch an: »Was diejenigen anbelangt, die behaupten, noch nie glücklich gewesen zu sein, ihnen sei gesagt, das beweist nur, dass sie noch nie richtig unglücklich waren. All diejenigen hingegen, die das Unglück kennen, wissen genau, dass auch das Glück existiert.«

Wir alle haben ein sehr starkes Verlangen nach Glück. Warum das so ist, hat am besten Paul Claudel erklärt, als er schrieb: »Glück ist nicht der Zweck des Lebens, sondern das Mittel dazu.« Oder anders ausgedrückt, wir leben nicht, um glücklich zu sein (zumindest nicht nur), sondern wir leben, weil wir glücklich sein können (zumindest ab und zu).

Ohne das Glück wäre das Leben, mit seinem unablässigen Leid, seinen Enttäuschungen und seinem unerbittlichen Ende, unerträglich.

Ja, das Leben ist tragisch. Wir leben in einer tragischen Welt. Aber trotzdem ist es uns lieber, fröhlich lächelnd weiterzumachen, als mit chronisch verkniffenem Gesicht durchs Leben zu gehen, unfähig, uns zu freuen. Vielleicht ist das Glück an sich ja auch gar nicht tragisch, sondern es trägt nur tragische Elemente in sich, die es umso köstlicher und wertvoller machen, weil sie uns daran erinnern, wie zwingend notwendig Glück für uns ist. Ein anderer Philosoph, Clément Rosset, ruft uns Folgendes in Erinnerung: »Jedes Akzeptieren der Realität besteht aus einer

Mixtur aus Klarsicht und Freude, ist also tragisch, [...] Nur die Tragik schafft Bezug zur Realität, und nur sie gibt uns die Kraft, die wir brauchen, um die Realität zu ertragen, nämlich Freude.« Nach dauerhaftem Glück zu streben bedeutet nicht, dass wir uns in ein goldenes Schloss zurückziehen oder unsere Stimmungen mit Alkohol, Drogen, Videospielen oder Arbeitsexzessen dämpfen sollen. Nein, wünschen wir uns anhaltendes Glück, dann müssen wir die Welt akzeptieren, wie sie ist: tragisch. Wir können nicht einfach den Rückzug antreten und auf eine Welt spekulieren, die für das Glück geschaffen ist. Das machen uns auch unsere Stimmungen deutlich, die klüger sind als wir selbst: Es gibt kein gut klimatisiertes Seelenleben, nur ein natürliches, in dem die schmerzlichen Stimmungen unsere Glücksgefühle erst richtig wertvoll machen.

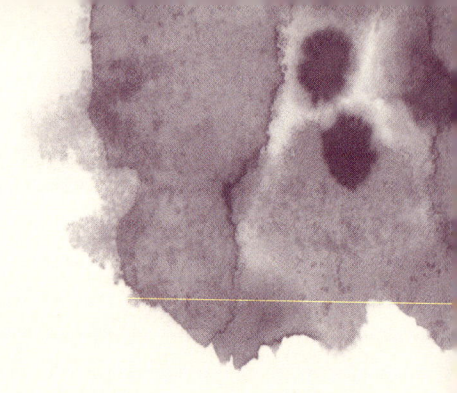

24. Die Augenblicke des Glücks genießen

Du magst diese »Glücksexperten« nicht besonders. Diese Typen, die ständig zeigen müssen, wie gut es ihnen geht, die immer noch eins draufsetzen, immer bereit sind, dir ungefragt eine Lektion zu erteilen. Du hättest große Lust, einmal ihre Partner und Familienangehörigen zu befragen, um herauszubekommen, ob sie die Ratschläge, die sie anderen erteilen, auch selbst befolgen. Aber den Menschen, die in leisen Tönen vom Glück sprechen, von den Mühen und Sehnsüchten, die mit ihm einhergehen, denen hörst du immer aufmerksam zu. Natürlich interessiert dich das! Wer interessiert sich nicht für das Glück? Neulich hat dich eine Freundin im Büro angerufen. Obwohl du eigentlich unter Zeitdruck warst, bist du nicht sofort wieder an deine Arbeit gegangen, nachdem du aufgelegt hattest. Du hast dir ein bisschen Zeit genommen, nur ein oder zwei Minuten, um einfach nur das gute Gefühl zu genießen, das dieses angenehme Gespräch, voller Freundschaft und Zuneigung, hinterlassen hat. Du hast dir also Zeit genommen, um dir deiner Gefühle völlig bewusst zu werden. Du hast das Gespräch ganz in dich und deine Gedanken aufgenommen. Ist man genervt, verärgert oder sauer, kommt man ins Grübeln. Man grübelt über seine Sorgen und Enttäuschungen nach, aber nie über die Augenblicke des Glücks. Wir müssen uns nicht wundern, wenn wir uns ständig gestresst und niedergeschlagen fühlen. Warum geben wir diesen Glücksmomenten nicht ein bisschen mehr Platz in unserem Bewusstsein?

Die meisten Studien, in denen gefragt wird, ob und warum wir unser Leben als glücklich empfinden, zeigen, dass dies weniger mit den großen, bewegenden Emotionen und einer überschwänglichen Freude zusammenhängt als vielmehr mit der Häufigkeit und Wiederholung kleiner angenehmer Stimmungen, mit den immer wiederkehrenden Momenten des »kleinen Glücks«. Das Gerüst für unser Glück setzt sich aus den Momenten zusammen, in denen wir guter Laune sind: Zeit, die wir mit einem geliebten Menschen verbringen, ein schöner Spaziergang, eine anregende Lektüre, bewegende Musik ... Machen wir uns all diese Momente bewusst, anstatt sie geistesabwesend zu durchleben, so verwandeln wir unser Wohlbefinden in Glück.

Es gibt sehr viele Stimmungen, die mit dem Glück zusammenhängen: Freude, Heiterkeit, Vertrauen, Kraft, Harmonie, Erfüllung, innerer Frieden, Gelassenheit, Zusammengehörigkeit, Gemeinschaft und all die anderen Stimmungen, die mit sozialen Bindungen zu tun haben. Das Glück ähnelt einem impressionistischen Gemälde, in dem all unsere positiven Stimmungen die winzig kleinen Farbtupfer darstellen, aus denen es sich zusammensetzt. Es gibt allerdings, wie wir noch sehen werden, auch Pinselstriche in düsteren Farben. Sie stehen für unsere negativen Stimmungen und bewirken, dass das fertige Gemälde nicht bonbonrosa ist. Das Glück ist niemals bonbonrosa, zumindest nicht im wahren Leben. Daran erinnern uns schon die Dichter der Romantik. Chateaubriand schreibt: »Tänze werden auf dem Staub der Toten getanzt, und unter den Schritten der Lust wachsen Gräber.« Glück und Unglück liegen nah beieinander: Ein anhaltendes, unschuldiges und sorgloses Glück existiert nicht. Mit jedem Licht kommt auch der Schatten.

Daher dürfen wir uns nicht darauf beschränken, das Glück lediglich als eine Anhäufung sich wiederholender Vergnügungen zu sehen. Wir müssen es ebenfalls als das Resultat eines sinnerfüllten Lebens betrachten. Diese beiden Aspekte ergänzen und bestärken sich gegenseitig, sind sogar voneinander abhängig. Glück setzt sich zusammen aus einzelnen Glücksmomenten, aber diese alleine genügen nicht. Unsere glücklichen Augenblicke müssen gleichzeitig auch Teil einer Gesamtvorstellung von Glück sein, dem ein höherer Sinn innewohnt.

Um unser Leben sinnvoll zu gestalten, brauchen wir jede Menge Energie, Ausdauer und Vertrauen, es sei denn, wir besitzen außergewöhnliche Kräfte. Aber woher sollen wir diesen Elan und die Beharrlichkeit nehmen, wenn nicht aus unseren positiven Stimmungen und der Freude am Leben?

Inzwischen konnte die Wissenschaft beweisen, dass Glücksgefühle dazu beitragen, persönliche Kohärenz zu empfinden. Sie helfen uns, hinter all den Hindernissen, die sich uns in den Weg stellen, die Bedeutung und den Sinn des Lebens zu erkennen. Dank unserer Glücksgefühle sind wir in der Lage, den Wald und nicht nur einzelne Bäume zu sehen. Und wir verstehen auch, dass der Wald immer weiter wächst, auch wenn ein einzelner Baum fällt.

25. Kleine Glücksmomente

Du wirst älter. Seit du auf der Welt bist, wirst du älter. Aber du hast lange Zeit nicht darüber nachgedacht. Plötzlich hat es dich dann doch beschäftigt, und deine Gedanken waren ziemlich negativ: schmerzlich, traurig, sorgenvoll. Du hast versucht, das Thema des Alterns zu vermeiden, aber es hat dich nicht in Ruhe gelassen. Die Frage nach dem Tod war immer da, wie ein hartnäckiger kleiner Staubknäuel, der sich unter dem Teppich deiner Gedanken und Beschäftigungen versteckt. Inzwischen ist alles gut, so scheint es dir zumindest. Du kannst akzeptieren, dass du älter wirst und eines Tages stirbst. Anstatt dich traurig zu stimmen, gibt dir dieses Akzeptieren Kraft und Einsicht. In gewisser Weise macht es dich sogar glücklich. Du erinnerst dich an einen Satz von Pierre Desproges: »Lasst uns glücklich leben, solange wir auf den Tod warten.« Auch das Zitat von Paul Claudel fällt dir wieder ein: »Glück ist nicht der Zweck des Lebens, sondern das Mittel dazu.« Wir leben nicht, um glücklich zu sein, sondern weil wir glücklich sein können, manchmal oder auch oft. Ohne Glück wäre das Leben nicht wirklich lebenswert und auch nicht halb so interessant. Und auch noch eine andere Sache ist dir klar geworden: Du musst dich damit abfinden, so wie alle anderen Menschen auch, dass du das Glück nicht gepachtet hast. Es kommt, es geht, es kommt wieder, und es geht auch wieder. Nachdem es verschwunden ist, kannst du darauf warten, es dir zurückwünschen, jammern und klagen, oder aber einfach weiterleben und die Orte aufsuchen, von denen du weißt, dass es dir dort oft begegnet. Jetzt machen sie dich nicht mehr traurig, diese unregelmäßigen Auftritte des Glücks in deinem Leben. Du hast *jetzt verstanden, wie das Glück funktioniert. Hast gelernt, an den Bedingungen zu arbeiten, die es ihm erleichtern, in dein Leben zu kommen. Du bleibst nicht mehr stehen und wartest, bis es kommt, sondern lebst einfach weiter und gehst ihm entgegen.*

Wir können uns dazu entschließen, an unserem Glück zu *arbeiten*. Spinoza nennt das »die Suche nach der Freude auf Anordnung des Verstandes«. Entgegen dem, was viele glauben oder behaupten, können wir unsere Fähigkeit, glücklich zu sein, sehr wohl verbessern. Schon die Anstrengungen, die wir unternehmen, um uns dem Glück zu nähern, tun uns gut. Jules Renard hat daher auch gesagt: »Glück ist, es zu suchen.«
Aber wie sehen diese Anstrengungen aus? Welche Tricks gibt es? Tatsächlich kennen wir die Antworten.

Die meisten von uns wissen ganz genau, was sie tun müssen, um glücklich zu sein – und sei es nur instinktiv –, aber sie tun es nicht.

Wenn wir gezwungen werden, beispielsweise aufgrund eines Schicksalsschlags (einer ernsten Krankheit, dem Tod eines Angehörigen), über das Glücklichsein nachzudenken, müssen wir nicht erst erkennen, worin unser Glück eigentlich besteht. Uns wird lediglich bewusst, dass wir uns früher hätten darum kümmern müssen. Glück entsteht nicht, wenn wir etwas entdecken, das uns bislang entgangen war, sondern dann, wenn wir uns bewusst machen, worum wir uns schon lange hätten bemühen müssen. Als kleines Beispiel hier eine Untersuchung, die mit jungen Müttern durchgeführt wurde: Man hat dabei festgestellt, dass die mit ihren Kindern verbrachte Zeit (betrachtet man die Gesamtheit der Empfindungen in diesem Zeitraum) für viele nicht besonders reich an positiven Stimmungen war. Das lag ganz einfach daran, dass die Mütter nicht »voll und ganz« bei ihren Kindern waren. Sie versuchten, nebenher andere Dinge zu tun (Hausarbeit, einkaufen, telefonieren), und so wurden die Sprösslinge zu Störfaktoren. Die mit den Kindern verbrachte Zeit wurde als anstrengend empfunden und war belastet mit negativen Stimmungen. Obwohl unsere Kinder unser größtes Glück sind, empfinden wir sie also in bestimmten Situationen oft als Stör- oder Stressfaktoren. Denn wenn wir mit ihnen zusammen sind, würden wir gerne auch andere Dinge tun.

Die Kunst, glücklich zu sein, ist also oft nur eine Frage des gesunden Menschenverstands. Was aber nicht bedeutet, dass das Glück ganz einfach zu erlangen oder gar eine Pflicht wäre. Manche Menschen fühlen sich angegriffen, wenn man behauptet, lieber glücklich als unglücklich zu sein und dass man es gerne öfter wäre. Sie haben den Eindruck, man würde ihnen das Recht absprechen, unglücklich zu sein. Natürlich haben wir das *Recht auf Unglück*. Sogar mehr als nur das Recht darauf, wir kommen gar nicht darum herum: Unglück und Sorgen sind ein fester Bestandteil unserer Existenz. Sie werden sich immer wieder in unserem Leben bemerkbar machen. Und einmal abgesehen davon, dass es unser *Recht* ist, unglücklich zu sein, ist es nicht auch ein *Bedürfnis*? Brauchen wir die negativen Stimmungen nicht sogar?

Tatsächlich gibt es zumindest einen guten Grund, warum wir unsere negativen Stimmungen nicht unterdrücken oder abblocken sollten: Sie machen unsere positiven Stimmungen erst richtig wertvoll. Es konnte nachgewiesen werden (und jeder von uns kennt das), je wichtiger es für uns ist, das Niveau unseres Wohlbefindens hoch zu halten, umso weniger können einzelne positive Stimmungen zu diesem Wohlbefinden beitragen. Ich nenne das den »Demokratie- und Warmwassereffekt«. Leben wir in einer Demokratie, freuen wir uns weniger über unser Wahlrecht, als wenn wir nach dem Ende einer Diktatur zum ersten Mal wieder frei wählen dürfen. Und sind wir es gewohnt, jeden Morgen heiß zu duschen, so veranlasst uns das selten dazu, vor Freude zu singen – es sei denn, unser Boiler war für längere Zeit kaputt. In Zeiten, in denen wir uns wohl fühlen, werden Dinge, die uns glücklich machen, *banal*. Alles Positive wird zur Normalität. Sind wir an diesem Punkt angelangt, müssen wir uns entweder unser Glück wieder bewusst machen (»Preise dein Glück jeden Tag!«) oder wir brauchen eine kleine Dosis Unglück, um die Dinge in unserem Leben wieder im rechten Licht zu sehen (aber auch in diesem Fall müssen wir etwas dafür tun). Glück folgt hier denselben Gesetzen wie das Geld: Je mehr man schon davon hat, umso mehr braucht man, damit es einen glücklich macht. Hat man nur wenig Geld (weil man arm ist oder ein Kind), freut man sich schon über ein paar Euro mehr. Natürlich ist es dennoch unsinnig, sich das Glück zu verwehren und sich unglücklich zu machen. Besser ist, sich um mehr Bewusstsein zu bemühen. Wir müssen daran arbeiten, uns anhand unseres Schicksals immer

wieder neu auszurichten. Das heißt, wir müssen uns Verhaltens-
regeln erarbeiten, die uns helfen, glücklich zu sein. Eine solche
Regel könnte lauten, uns vergangene negative Erlebnisse ins
Gedächtnis zu rufen, wenn es uns gerade gut geht. Nicht, um von
Neuem darüber nachzugrübeln, und auch nicht, um sie zu
schmälern, sondern vielmehr, um sie zu akzeptieren und genau
zu untersuchen. Danach können wir sie dann im neuen Licht
unseres momentanen Wohlbefindens betrachten. Haben wir das
getan, können wir langsam wieder zu unserem aktuellen Glück
zurückkehren. Es entsteht eine Wechselwirkung von Licht und
Schatten.

Manche Menschen sind im Umgang mit dem Glück begabter als
andere. Montesquieus Weinbauer ist hierfür ein gutes Beispiel:
»Morgens erwache ich mit einer geheimen Freude, fast verzückt
erblicke ich das Licht. Den ganzen übrigen Tag bin ich zufrieden.«

Mir persönlich geschieht das eher selten, dass ich morgens mit
einer geheimen Freude aufwache. Das ist aber nicht schlimm. Ich
arbeite trotzdem entschlossen an meinem Glück, schon seit Jahren, und eines Tages bin ich auf eine Formulierung gestoßen, die
mich begeistert hat: »die Entschlossenheit, glücklich zu sein«.
Genau das ist es. Wir müssen uns entschließen, glücklich zu sein.
Und es funktioniert.

Zumindest meistens.

Man nennt es Morgenröte ...

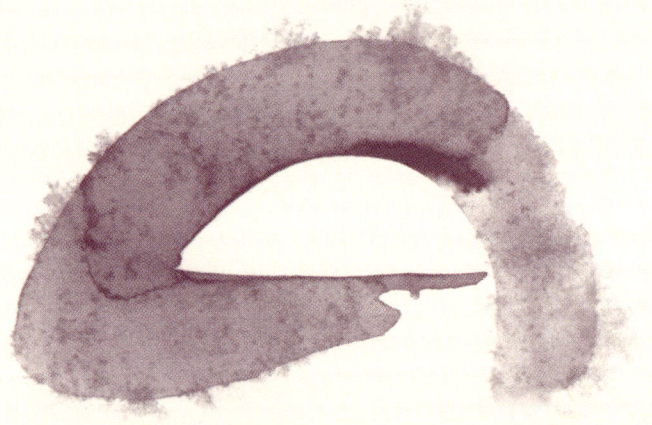

Eines der schönsten Theaterstücke von Jean Giraudoux ist *Électre* (Elektra), eine antike Tragödie. Am Ende legt der Dramatiker einigen der Überlebenden in dieser von Gewalttaten beherrschten Geschichte die folgenden Worte in den Mund:

– *Elektra*: Wo sind wir?
– *Frau Narsès*: Ja, erkläre es mir! Ich bin etwas schwer von Begriff. Ich verstehe natürlich, dass etwas geschieht, aber ich bin mir nicht im Klaren darüber, was es ist. Wie nennt man das, wenn der Tag anbricht, so wie heute, und alles ist vergeudet, wenn alles verwüstet ist, und dennoch atmet man, wenn alles verloren ist, und die Stadt brennt, wenn sich die Unschuldigen gegenseitig töten und die Schuldigen in den Ecken des anbrechenden Tages im Sterben liegen?
– *Elektra*: Frag den Bettler. Er weiß es …
– *Bettler*: Es hat einen sehr schönen Namen, Frau Narsès. Man nennt es Morgenröte.

Die Ruhe nach dem Sturm. Morgenröte in deinem Kopf. Tief durchatmen. Und noch einmal, tief durchatmen. Jetzt hast du es geschafft: Du bist innerlich ausgeglichen.
Du spürst eine tiefe Ausgeglichenheit in dir.
Diese Ausgeglichenheit bringt das, was geschehen ist, auch nicht wieder in Ordnung? Nein, natürlich nicht. Aber es gibt auch nichts in Ordnung zu bringen, nichts rückgängig zu machen;

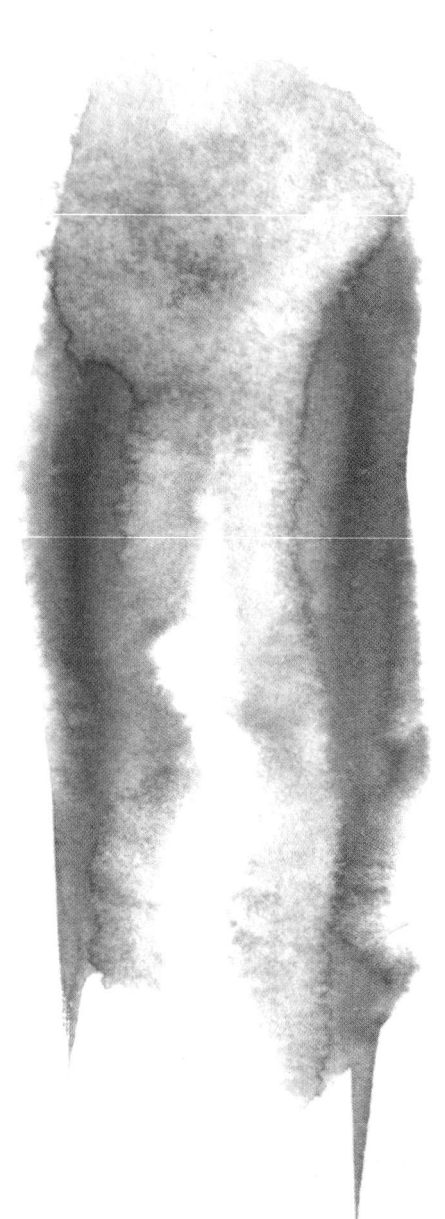

nichts, das noch einmal getan werden muss. Alles muss neu erbaut werden, wie jeden Morgen.

Dieser Zustand wird also sowieso nicht lange anhalten? Nein, natürlich nicht. Aber das ist auch nicht schlimm. Es wird einen Abschied geben und ein Wiedersehen. Es wird finster werden und dann wieder taghell. Das wird immer so weitergehen. Dein ganzes Leben lang.

Und danach?

Was dann sein wird, weiß niemand. Also wendest du dich wieder der Morgenröte zu. Du atmest einmal tief durch und dann noch einmal ...

Nachwort

»Unsere Stimmungen sind die Pforte zum Erwachen«

Bei dem folgenden Text handelt es sich um die übersetzte Abschrift eines Interwies zwischen Patrice Van Eersel und Christoph André, das im Frühjahr 2009 in der Zeitschrift Nouvelles Clés *erschienen ist. (Freundlicherweise wurde uns gestattet, das Gespräch an dieser Stelle erneut abzudrucken.) Es ist eine gelungene Einführung in meine Arbeit über Stimmungen und innere Ausgeglichenheit.*

Nouvelles Clés: Der Titel Ihres neuesten Buches »Les états d'âme« (auf Deutsch erschienen bei Kiepenheuer unter dem Titel *Die Launen der Seele)* stimmt einen zunächst nachdenklich. »Launen der Seele«, was ist das eigentlich? Man glaubt, Sie würden über romantische Schwermut oder den pubertären Blues sprechen. Liest man die kleine Szene im Vorwort, stellt man aber sehr schnell fest, dass Ihr Begriff sehr viel weiter reicht. Sie beschreiben dort den flüchtigen, aber bleibenden Eindruck, den eine kurze Szene bei Ihnen hinterlassen hat: Ein kleines Mädchen stürzt, als es von seinem Vater zur Schule gebracht wird. Nichts Schlimmes, aber im Blick der Kleinen haben Sie innerhalb einer Sekunde das ganze Ausmaß ihres Schreckens erkennen können. Diese »unbedeutende Kleinigkeit« hat Sie dann den gesamten

Tag über nicht mehr losgelassen und Sie in eine ganz besondere Stimmung versetzt ...

Christophe André: Sicher zählen sowohl die Schwermut als auch der »Blues« zu unseren seelischen Launen, aber es gibt auch noch andere. Als Launen der Seele bezeichne ich Stimmungen, bei denen sich in unserem Bewusstsein Emotionen und »hintergründige« Gedanken mischen: Gefühle, Eindrücke, kaum spürbare, vage, verschwommene Empfindungen, die uns völlig unwichtig erscheinen und uns manchmal dennoch massiv beeinflussen. Tatsächlich basieren auf ihnen sogar unsere Menschlichkeit und unser Bezug zur Welt. Paradoxerweise wird ihnen aber nur sehr wenig Bedeutung beigemessen, und mir war aufgefallen, dass es zu diesem Thema nahezu keine wissenschaftlichen Abhandlungen gibt. Und das liegt nicht nur daran, dass das Wort »Seele« heutzutage immer noch tabu ist. Die moderne Psychologie beschäftigt sich, berechtigterweise, mit Gefühlen, das heißt mit »großen« Gefühlen, tiefen und aufrichtigen Emotionen: Wut, Traurigkeit, Freude ... Wenn wir von einem großen Gefühl erfasst werden, beherrscht es uns vollständig. In solchen Momenten bleibt kein Platz für etwas anderes. Normalerweise dauert ein solches Gefühl aber nicht sehr lange an. Stimmungen sind demgegenüber eine Art »unterschwellige« Gefühle, die stunden-, tage- oder auch wochenlang anhalten!
Jedem großen Gefühl kann man eine ganze Familie von Stimmungen zuordnen. Es gibt nicht nur die große Wut, sondern auch den kleinen Ärger, eine leichte Gereiztheit, eine vage Ver-

stimmung, ein beleidigtes Schmollen … Nicht nur die große Angst, sondern auch eine leichte Unruhe, kleine Sorgen, Nervosität, Ängstlichkeit … Nicht nur abgrundtiefe Traurigkeit, sondern auch Trübsinn, kleine Depressionen und den Schleier der Melancholie. Und auf der anderen Seite gibt es nicht nur den echten Enthusiasmus und die überschwängliche Freude, sondern auch die verhaltene gute Laune, ein inneres Lächeln und ein Gefühl der Leichtigkeit … Von außen betrachtet können diese »unterschwelligen« Gefühle unbedeutend oder gar lächerlich erscheinen, und wir schämen uns, sie uns einzugestehen. Sieht man sie jedoch von innen, dann sind sie enorm wichtig.

Tatsächlich besteht unser Seelenleben aus einem Gerüst aus Stimmungen. Nehmen Sie beispielsweise einen ganz normalen Tag in Ihrem Leben: Letztendlich gibt es nur sehr wenige Momente, in denen wir mit großen Gefühlen aufwarten können. Schwächere Gefühle und kleine Turbulenzen beschäftigen uns hingegen ständig. Schon beim Aufstehen kann sich Ihre Stimmung durch einen Sonnenstrahl, ein paar Takte Musik oder eine kleine Bemerkung Ihres Partners heben. Sie gehen die Straße entlang und sehen einen Bettler, seine Augen, seine Hände, oder ein Graffiti an einer Mauer, oder nehmen ganz flüchtig eine belanglose Szene wahr, einen Wort- oder Blickwechsel, der im Bruchteil von Sekunden zwischen zwei Unbekannten stattfindet, die Sie nie wiedersehen werden … Sie gehen weiter, aber diese unbedeutende Kleinigkeit hat sich ganz heimlich, still und leise in Ihnen festgesetzt und wird Sie noch eine ganze Weile begleiten. Vielleicht wird sie sogar Ihren ganzen restlichen Tag beeinflussen.

Die »unbedeutenden Kleinigkeiten«, die unseren Tagen ihre Färbung geben

N. C.: Geht es hier nicht um das, was man im Englischen mood *nennt?*

C. A.: Ja, aber nicht nur. Beim englischen Begriff *mood* handelt es sich um ein nicht zu benennendes Gefühl, das dafür verantwortlich ist, ob wir gute oder schlechte Laune haben. Eine Stimmung hat eine zusätzliche Komponente, die sich benennen lässt, eine Mischung aus physischem Empfinden, Gedankenfetzen, Erinnerungen und Träumereien. Der Weltmeister der Stimmungen war sicherlich Marcel Proust. Nun, wie hat er sie erlebt? Er war nicht einfach nur in einer bestimmten *mood*. Während er auf dem unebenen Pflaster einer kleinen Gasse geht, nimmt er zwischen seinen Füßen ganz subtil eine Verschiebung war, die in ihm Erinnerungen an die Straßen Venedigs heraufbeschwört, und so entsteht langsam und verschwommen eine ganze Welt in ihm. Ein Mann wie Proust malt diese Welt mit feinen Pinselstrichen natürlich genussvoll immer weiter aus, aber wir alle sind anfällig für so etwas.

Stimmungen sind nur schwer zu kontrollieren: Sie vereinnahmen uns mit sanfter Beharrlichkeit. Die Ursachen für unsere Stimmungen sind vielschichtig: physisch, biographisch, rational und geistig gleichermaßen ... Manche Stimmungen erden uns, andere stellen eine Verbindung zu Dimensionen her, die man auch spirituell nennen könnte. Sie hängen sehr stark von unserem Körpergefühl ab. Studien haben gezeigt, dass Testpersonen, die man zu ihren täglichen Sorgen befragt, ganz unterschiedliche Antworten geben, je nachdem ob sie vor oder nach einem 20-minütigen Spaziergang in der Natur befragt werden. *Hinterher* sehen die meisten Menschen die Dinge sehr viel positiver. Aber auch »spirituelle« Einflüsse sind nicht zu unterschätzen: ein Gesicht, ein Satz, der Blick auf ein Stückchen Himmel, der Gesang eines Vogels oder der Flug eines toten Blattes, das von einer Windböe mitgerissen wurde, das alles kann unsere Stimmung verändern. Es bleibt jedoch immer dieser kurze entscheidende Moment: Sollen wir die Situation überhaupt an uns heranlassen und in uns aufnehmen oder nicht? Befinden wir uns da nicht in einem leichten Wahnzustand, fern jeder Realität, und sollten wir so etwas nicht ganz schnell vergessen (was wir ja ohnehin ständig tun)? Oder ist es im Gegenteil nicht doch das »wahre Leben«, das uns mit diesem kleinen Lichtblick ein Zeichen gibt, während der Rest unseres Tages völlig unbedeutend bleibt? Stimmungen sind also eine Art Kreuzung, ein Hallraum, an der Schnittstelle zwischen außen und innen, sie liegen zwischen Körper und Geist, zwischen gestern und morgen, zwischen unseren Trieben und unserer Erziehung und zwischen uns und den anderen. Unsere Stimmungen sind vielleicht ganz einfach die wichtigste und entscheidendste Nahrung für unser Bewusstsein.

Stimmungen, die sich einmal eingenistet haben, werden wir nicht wieder los

N. C.: Ohne dabei ein Manichäer zu sein, klassifiziert Ihr Buch Stimmungen in zwei große Kategorien: solche, unter denen wir leiden, und solche, die uns guttun.

C. A.: Das ist richtig. Einmal abgesehen von meiner Vorliebe für Rilke, Proust, Pessoa und Cioran (die literarischen Meister auf diesem Gebiet) ist es zunächst einmal trotz allem mein Beruf als Therapeut, der mich auf dieses Thema gebracht hat. Im Sainte-Anne-Krankenhaus kümmere ich mich viel um Menschen mit »emotionalen Problemen«, das heißt um Menschen mit Depressionen und Angstzuständen, denen ihre Krankheit zwar nicht verbietet, ein normales Leben zu führen, wie dies beispielsweise bei einer Schizophrenie der Fall ist, deren Alltag aber dennoch sehr beeinträchtigt ist. Im Laufe der Jahre habe ich mich auf die »Rückfallprävention« spezialisiert. Nach ernsten Depressionen oder Angststörungen gelingt es meist, die betroffenen Personen wieder in einen zwar nicht perfekten, aber immerhin erträglichen Zustand zu bringen, der es ihnen ermöglicht, ihr Leben weiterzuleben. Dennoch bleiben sie verletzlich, angreifbar, leiden unter einem geringen Selbstwertgefühl und sind unfähig, glücklich zu sein – Themen, die ich in meinen vorangegangenen Büchern behandelt habe. Wie konnte ich diesen Menschen helfen, sich über Wasser zu halten? Damals ist mir anhand vieler Daten aufgefallen, dass die meisten mit dem, was ich Stimmungen nenne, nur schlecht umgehen

konnten. Je nach Tages- oder Jahreszeit hatten sie unter Grübeleien oder Anfällen von Schwermut oder Wehmut zu leiden ...
Das sind keine echten Depressionen und auch keine extremen
Angstzustände, nur leichte. Man ist genervt, gereizt, lebensüber-
drüssig, lustlos, lässt sich von Ressentiments leiten. So etwas setzt
sich fest. Es kann Wochen oder Monate dauern ... Und letztendlich den Boden für einen Rückfall bereiten. Daher war mein Interesse herauszufinden, wie man so etwas vermeiden und lernen
kann, seine Stimmungen zu kontrollieren. So kam es schließlich,
dass in einem Krankenhaus wie dem Sainte-Anne die Meditation
Einzug gehalten hat.

Bevor ich jedoch darauf zu sprechen komme, was konkret getan
werden kann, insbesondere im Hinblick auf die Meditation,
möchte ich noch einmal die besondere Eigenheit unserer Stimmungen hervorheben, sich festzusetzen und anzudauern. Wenn
ein anderer Autofahrer Sie auf der Straße beim Überholen
schneidet, kann das einen Wutanfall auslösen, der Sie einen
Moment lang völlig beherrscht, aber sicherlich nicht den ganzen
Tag. Stimmungen hingegen halten an. Wenn jemand beispielsweise eine kleine Bemerkung fallen lässt, die uns verletzt, dann
kann die betreffende Person sich noch so oft entschuldigen, die
Bemerkung bleibt. Sie kann uns lange Zeit quälen und zu einer
Art Refrain in unserem Kopf werden: »Und wenn es nun stimmt?
Wenn ich wirklich so bin? Vielleicht war es ja ein Zeichen dafür,
dass er (oder sie) mich nicht leiden kann?« Eine Nichtigkeit kann
in uns langandauernde Grübeleien auslösen. Das Problem dabei
ist, dass diese Grübeleien oft sehr subtil sind, da sie ja von Phäno-

menen gespeist werden, die ebenfalls sehr subtil sind: Träumereien, Gefühlen, Eindrücken, Erinnerungen. Die großen Emotionen sind demgegenüber eher wie ein »Rohguss«. Sie haben eine vereinheitlichende Wirkung: Bekommen wir einen großen Schreck, machen wir alle dasselbe Gesicht und nehmen dieselbe Körperhaltung ein; sind wir nur etwas beunruhigt, haben wir demgegenüber eine ganze Palette an möglichen Reaktionen zur Verfügung. Diese Feinheiten führen auch dazu, dass wir manche negativen Stimmungen sogar mögen. Es kann vorkommen, dass wir sie geradezu suchen. Victor Hugo bezeichnet die Melancholie als »das Glück, traurig zu sein« ... Die Ambivalenz, die entsteht, wenn in unseren Stimmungen gegensätzliche Gefühle vermischt sind, kann durchaus eine Bereicherung sein, eine »süßsaure« Mischung aus Emotionen und Gedanken. Das Festhalten an schmerzlichen Stimmungen kann aber auch ausschließlich neurotisch sein: wenn wir beispielsweise immer nur nachtragend und misstrauisch sind, weil wir in einer Familie aufgewachsen sind, in der diese Gefühle stets präsent waren. Wir fühlen uns in einer solchen Atmosphäre sicher und »zu Hause« – wohingegen wir auf Fürsorglichkeit und Dankbarkeit mit Skepsis und Unbehagen reagieren. Es entsteht ein falsches, auf negativen Gefühlen basierendes Wohlbefinden, das man besser vermeidet.

Die Menschen sind eigentlich zufrieden mit ihrem Leben

N. C.: Gehen wir zur praktischen Seite über. Nehmen wir einmal an, neurotische Stimmungen dieser Art wären mein normaler Seelenzustand, was könnte ich dagegen tun?

C. A.: Zunächst einmal müssen Sie sie in sich wahrnehmen. Ihre inneren Zustände erkennen, verstehen und deren Schwankungen akzeptieren ... zumindest bis zu einem gewissen Grad. Lassen Sie sich dabei nicht in eine Falle locken, insbesondere nicht von Worten. Denn unsere Stimmungen sind im Schnitt eher positiv, wobei das Vokabular, das wir benutzen, um sie zu beschreiben, erstaunlicherweise überwiegend negativ ist. Dieses paradoxe Phänomen findet sich in den meisten Sprachen. Sprachwissenschaftliche Studien haben ergeben, dass Adjektive, die innere Zustände beschreiben, zu zwei Dritteln, oder sogar zu drei Vierteln, negativ sind: Sie beschreiben Unbehagen, Sorge, Unzufriedenheit, Kränkung und so weiter. Beobachtet man in einer Studie eine Gruppe von Testpersonen über einen längeren Zeitraum hinweg und nimmt dabei immer wieder »emotionale Proben«, so stellt man fest, dass nur 10 bis 20 Prozent von ihnen echte psychische Probleme haben. Die große Mehrheit verbringt ihre Tage also größtenteils in einer eher positiven Stimmung.

N. C.: Wie lässt sich so etwas messen?

C. A.: Das sind langwierige Untersuchungen. Man stattet Hunderte von Personen mit Beepern aus, die sie in ihrer Tasche oder Kleidung mit sich tragen. Über den Tag verteilt piepsen diese Geräte mehrere Male zufällig. Sobald es piepst, muss man seine aktuelle Stimmung beurteilen, indem man eine Skala anklickt, die von »sehr euphorisch« bis »völlig niedergeschlagen» reicht. Herauskam, dass 80 Prozent der Personen im Allgemeinen eigentlich glücklich sind. Das unwiderrufliche Ergebnis, das auch durch vorangegangene Untersuchungen zum Glücklichsein bestätigt wird, ist also: Im Durchschnitt sind die Menschen zufrieden mit ihrem Leben. Genau genommen scheint das ja auch logisch, ich glaube, sonst hätte sich die Menschheit wohl schon längst selbst ausgelöscht! Sie werden jetzt sagen, womöglich hat sie inzwischen ja beschlossen, dies auf indirekte Weise zu tun, indem sie unseren Planeten zerstört ... Aber die Zahlen sprechen für sich: Die Menschen sind im Allgemeinen glücklich, am Leben zu sein, zumindest diejenigen, die keine persönlichen oder kollektiven Tragödien durchmachen, sondern ein »normales« Leben führen dürfen. Obwohl man diese Art der Verallgemeinerung natürlich wie immer an unterschiedliche Kriterien, wie zum Beispiel den Einfluss der Kultur, anpassen muss. Es gibt Nationen, in denen das Wehklagen und seine schwermütige Ästhetik bewusst zelebriert werden. Nehmen Sie beispielsweise die *Saudade* in Portugal. Oder den afroamerikanischen *Blues*! Wie könnte man die Schönheit dieser Klage verkennen? Ich muss offen zugeben, dass ich bei meinen Studien zwischenzeitlich auch an einem Punkt angelangt war, der mich völlig ratlos machte. Unsere Stimmungen fügen sich zu einer unendlich komplexen Welt zusammen, die in alle Richtungen auseinanderzustreben scheint!

Die falsche Überzeugung der Ängstlichen

N. C.: Sind unsere Stimmungen genauso alt wie der Mensch selbst?

C. A.: Mit etwas Abstand betrachtet erkennt man schnell, dass es sich hier um Phänomene handelt, die wir erst seit sehr kurzer Zeit kennen. Genauso wie es prähistorische Menschen gab, die vor der modernen Zivilisation lebten, genauso gab und gibt es auch *präpsychologische Menschen*, die mit allem, was wir hier besprechen, nichts anfangen können. Zumindest nicht bewusst. Man muss nicht weit zurückgehen. Ich spreche hier nur von meinem Vater und vielen anderen Menschen der Nachkriegsgeneration, deren Existenz ausschließlich vom materiellen Überleben bestimmt war. Sich um die eigenen Stimmungen zu sorgen wäre für diese Menschen, Männer wie Frauen, sowohl ein Zeichen der Schwäche als auch des Egoismus gewesen. Sich jeder Form der inneren Befindlichkeit zu widersetzen kann in bestimmten Situationen sicherlich Kraft geben – nach dem Motto »mach weiter oder stirb«. Es ist aber auch mit viel Leiden verbunden. Diese Menschen sterben beispielsweise oft schon kurz nach Renteneintritt – wenn sie denn eine Rente bekommen –, weil sie plötzlich von Depressionen gequält werden, die sie sich nicht erklären können. Der *präpsychologische Mensch* lebte nach einer undurch-dringlichen und stummen Logik, die Aufopferung verlangte.

Auf ganz ähnliche Weise entwickeln Menschen mit Angstzu-ständen eine »Unruhe aus Überzeugung«. Sie glauben, dass sie sich so vor den vielen Gefahren schützen, die die Zukunft ihrer Ansicht nach mit sich bringt. Sich keine Sorgen zu machen wäre für jemanden mit Angstzuständen ein schwerer Fehler. Man muss ständig auf eine Vielzahl von Gefahren gefasst sein, darf nie »ganz naiv« einfach nur vergnügt sein, darf nie unvorsichtig sein ... Aber können Menschen mit Angstzuständen oder Pessimisten mit ihren düsteren Ahnungen letztendlich besser mit Proble-men umgehen, wenn sie dann tatsächlich auftauchen? Natürlich nicht, ganz im Gegenteil! Ausgehend von der Überzeugung, »wenn ich nicht an Krebs sterbe, werde ich sicher von einem Bus überfahren«, sind Pessimisten und Menschen mit einer ängstli-chen Haltung trotz ihrer Befürchtungen nicht in der Lage, Dinge umzusetzen, die eine präventive Wirkung haben könnten (gesun-de Ernährung, körperliche Bewegung und so weiter). Kommt es zur Krise, sind sie die ersten Opfer.

Um es kurz zu machen: Wir haben noch nicht ganz begriffen, in welchem Maße die psychologische Arbeit seit den 1960er- und 1970er-Jahren das Leben von Millionen von Menschen, individu-ell oder kollektiv, verbessert hat. Denn wenn Sie Ihre inneren Zustände erkennen und ausgleichen können, dann lindern Sie Ihre Sorgen und Leiden und lassen Ihr Glück erblühen. Das ist nicht nur gut für Sie, sondern für die ganze Welt. Je mehr ich leide, umso mehr ziehe ich mich in mich selbst zurück. Man interessiert sich sehr viel mehr für seine Umwelt, wenn man nicht zu sehr leidet. Oder noch besser formuliert: Lebt man seine positiven Stimmungen aus, ist das im wahrsten Sinne des Wortes ansteckend. Eine amerikanische Studie hat dies hervorragend demonstriert. Durchgeführt wurde die Mitte der 2000er-Jahre publizierte Studie von Prof. James H. Fowler (Universität von Kalifornien, San Diego) und Prof. Nicholas A. Christakis (von der Abteilung für öffentliche Gesundheit an der Medizinischen Fakultät der Universität Harvard). 4739 Testpersonen wurden in der Zeit von 1983 bis 2003 individuell begleitet, und dabei wurde das Wohlbefinden jeder einzelnen Person und ihres Umfelds regelmäßig bewertet. Das Ergebnis ist verblüffend: Glück verbreitet sich wie eine Epidemie (dasselbe gilt übrigens auch für negative Verhaltensmuster wie Gewalttätigkeit oder Übergewicht). Dieses Phänomen zeigt sich in drei Stufen: Wenn ich glücklicher bin, macht das auch meine Freunde glücklicher, dann die Freunde meiner Freunde und dann die Freunde der Freunde meiner Freunde. Das Glück verzweigt sich, und am Ende hat es sich dann großflächig ausgebreitet. Diese erstaunliche Streuung widerlegt die Auffassung, dass es in erster Linie egoistisch ist, sich um das eigene Wohlbefinden zu kümmern (wobei es natürlich auch selbstlose Formen des Glücklichseins gibt).

Das heißt aber nicht, dass man seine negativen Stimmungen unterdrücken sollte. Das wäre sehr schade, denn sie können uns vieles lehren, uns unsere Grenzen aufzeigen und deutlich machen, woran wir noch arbeiten müssen. Auf der anderen Seite können wir aber auch nicht ohne positive Stimmungen leben: Sie sind die Nährstoffe für unser Seelenleben, für unser eigenes und das unserer Mitmenschen.

N. C.: Erlauben Sie mir, auf die Idee vom »präpsychologischen« Menschen zurückzukommen. Wie können wir wirklich wissen, was sich in den Köpfen unserer Vorfahren abgespielt hat? Ist es nicht möglich, dass ein Mensch, der im Zeitalter der Aufklärung oder im alten China gelebt hat oder sogar ein steinzeitlicher Schamane war, seine Stimmungen bewusst wahrgenommen hat?

C. A.: Doch, natürlich. Die Introspektion ist so alt wie die Menschheit selbst. Mensch sein bedeutet, Zugang zum eigenen Bewusstsein zu haben, ein »reflexives Bewusstsein« zu besitzen, das es uns erlaubt, uns selbst zum Gegenstand unserer Überlegungen zu machen. Man findet das beispielsweise in den sehr alten mesopotamischen Mythen des Gilgamesch, in der Figur des Enkidu, der von einem wilden, tierhaften Wesen zum Menschen wird, indem er sich seiner Gefühle bewusst wird. Mit »präpsychologischen Menschen« meine ich diejenigen, die weder Zeit noch Lust haben, sich mit sich selbst zu beschäftigen, obwohl sie sehr wohl die intellektuellen und emotionalen Voraussetzungen dafür hätten. Dazu muss man nicht in die Vorgeschichte zurückgehen. Wir sind andauernd von Menschen umgeben, die alles dafür tun, um sich unter gar keinen Umständen mit sich selbst beschäftigen zu müssen: ob sie ständig reden, sich bewegen, fernsehen, sich mit Freunden amüsieren, heimwerken, Sport machen – sie machen, machen, machen. Aber auf gar keinen Fall »gehen sie in sich«.

Meditation, eine Übung des Geistes

N. C.: Kommen wir also zur Praxis. Wenn ich einmal eingesehen habe, dass ich mich um meine Stimmungen kümmern sollte, wie kann ich dieses instabile Innenleben dann beherrschen? Der gesamte Schlussteil Ihres Buches ist diesem Thema gewidmet. Könnte man die Antwort unter dem Begriff »Meditation« zusammenfassen?

C. A.: Wenn man Meditation als eine Übung des Geistes definiert (was übrigens auch die Wortbedeutung in Sanskrit ist), dann ist das vollkommen richtig. Mit unseren Patienten im Sainte-Anne-Krankenhaus praktizieren wir jetzt schon seit mehreren Jahren »Achtsamkeitsmeditation«. Das Ganze hat weder mit Religion noch mit Philosophie zu tun, die Patienten lernen lediglich, ihre Wahrnehmung auf das Hier und Jetzt zu konzentrieren. Wie das geht? Indem man sich »hinter den Wasserfall« stellt, wie ein schönes Bild aus der Zen-Tradition es beschreibt. Das heißt, die Patienten werden nach und nach daran gewöhnt zu beobachten, wie die Flut ihrer Gedanken, Gefühle und unterschiedlichen Stimmungen über sie hereinbricht, aber mit diesen wenigen Zentimetern Abstand, die verhindern, dass ihnen die Wellen direkt über dem Kopf zusammenschlagen. Sie nehmen die Position eines Wanderers ein, der sich in den Spalt zwischen Wasserfall und Fels gleiten lässt. Das ist zwar sehr einfach, am Anfang aber selbstverständlich auch schwierig. Normalerweise identifizieren wir uns voll und ganz mit unseren Stimmungen, wie können wir uns also von ihnen abgrenzen? Die Grundtechniken hierfür basieren im Prinzip darauf, sich auf jedes Detail der Atmung zu konzentrieren, jede Geste exakt auszuführen, jede Stimmung so bewusst wie möglich wahrzunehmen. Präsent sein. Ängste, Sorgen, aber auch Aufregung und Überspanntheit sind verschwunden, sind in der Vergangenheit geblieben oder treiben sich schon in der Zukunft herum. Es gibt Sorgen und Grübeleien, die richtig krankhaft sind und die es einem unmöglich machen, glücklich zu sein ...

Man schließt also die Augen, versucht, sich auf seine Atmung zu konzentrieren, lauscht auf die Geräusche um einen herum, ohne jedoch daran festzuhalten, und lässt dabei seine Gedanken und Sorgen vorüberziehen. Traurig sein und sich beim Traurigsein zu beobachten ist nicht dasselbe. Es entsteht eine kleine Lücke, die uns erlaubt zu erkennen, bis zu welchem Grad unsere Traurigkeit berechtigt ist, wie weit wir sie zulassen dürfen und ab wann wir sie loslassen müssen. Das macht den Unterschied.

In der Psychotherapie werden diese Übungen ganz unterschiedlich eingesetzt. Sie sind beispielsweise ein ausgezeichnetes Mittel gegen Grübeleien. Sie stellen den Bezug zur Realität wieder her. Meditiert man regelmäßig, erlangt man die Fähigkeit, mitten auf der Straße stehenzubleiben und sich an der Schönheit eines Ortes zu erfreuen, einen Blick zu erwidern, einer Musik zu lauschen, den Körper wieder aufzurichten. Man war in Grübeleien versunken, hat sich Sorgen gemacht, war weit weg, hat die Welt um sich herum weder gesehen noch gespürt. Und plötzlich erwacht man.

Herzerfrischende Lektionen zum Thema Weisheit

N. C.: Ihr Buch über die Stimmungen ist Matthieu Ricard gewidmet …

C. A.: Dieser Mann verkörpert für mich sehr viele Dinge. Ich schulde ihm einiges. Zunächst einmal ist er mir ein großes Vorbild. Und dann hat er mir auch dabei geholfen, die Philosophie des Buddhismus zu entdecken. Was die psychotherapeutische Meditation anbelangt, verdanke ich meinen nordamerikanischen Kollegen sehr viel, beispielsweise Jon Kabat-Zinn, einem großen Visionär und Pädagogen, und Zindel Segal, Dozent für Psychiatrie an der Universität Toronto. Zusammen mit Francisco Varela zählen sie zu den Pionieren, die in den 1980er- und 1990er-Jahren die Meditation in wissenschaftliche Kreise eingeführt haben. In Europa haben auch der Schweizer Psychologe Lucio Bizzini und der Belgier Pierre Philippot eine wichtige Rolle gespielt. Als wir damals anfingen, auch an psychiatrischen Einrichtungen in Frankreich von dieser Meditationssache zu sprechen, hat man ziemlich irritiert darauf reagiert. Man hat uns für Spinner gehalten oder für eine Sekte! Aber dann kamen die Studien und mit ihnen die Beweise. Im Sainte-Anne und an vielen anderen Krankenhäusern wurde die Achtsamkeitsmeditation zu einer häufig angewandten Behandlungsmethode, sowohl in der Psychiatrie als auch in der Medizin.

Ich selbst meditiere regelmäßig. Nach dem Aufstehen versuche ich, zehn bis zwanzig Minuten Zeit zu opfern. Danach sollte man den ganzen restlichen Tag aufmerksam sein, das heißt, sich in bestimmten Situationen immer nur mit einer Sache beschäftigen. Beim Essen nicht gleichzeitig reden, Radio hören oder lesen, einfach nur genießen, was man gerade isst und trinkt. Beim Gehen nicht gleichzeitig telefonieren, sich nur darauf konzentrieren, was gerade passiert: Was macht mein Körper, wenn er geht? Wie atmet meine Lunge? Wie halte ich meinen Kopf? Welche Geräusche höre ich? Oder wenn Sie abends ins Bett gehen, dann wenden Sie sich nicht dem Stapel Zeitschriften oder Ihrem spannenden Buch zu, sondern tun Sie einfach nichts. Es geht ums Spüren, dass man lebt. Spüren, wie der Körper atmet, bevor die Nacht beginnt. Als ich anfing, abends diese Übungen zu machen, fragte sich meine Frau, ob ich krank oder langsam verrückt geworden war. Anstatt mich auf meine Lektüre zu stürzen, lag ich einfach da, bewegungslos, lächelte und starrte an die Decke.

Unseren Patienten bringen wir bei, dass diese »Präsenz« sie öffnet – gegenüber sich selbst, gegenüber anderen und gegenüber der Welt. Sie ist eine *conditio sine qua non* für jedes wahre Leben (im Gegensatz zu einem Zombie-Dasein, das wir führen, wenn wir uns mit unserem Arbeiter-und-Konsumenten-Leben zufriedengeben). Es ist sehr erfreulich zu wissen, dass die unzähligen Weisheiten, die sowohl aus dem Osten als auch aus dem Westen zu uns gelangt sind, uns in unserem modernen Leben wirksam unterstützen können, insbesondere in unseren psychiatrischen Krankenhäusern.

N. C.: Wie geht nun der »große Weise« mit seinen Stimmungen um? Hat er überhaupt noch welche, oder hat er sie schon alle verjagt?

C. A.: Ich hoffe, Sie sprechen nicht von mir! In meinen Augen ist ein Weiser, oder ein Erleuchteter, extrem aufnahmefähig und sich dessen auch bewusst. Ich denke, er kennt unendlich viele Stimmungen, kann sie ganz bewusst wahrnehmen, überlässt ihnen aber nicht zwangsläufig das Kommando über sein Urteilsvermögen und seine Entscheidungen. Er kann sich von ihnen distanzieren, nutzt sie aber auch, um seine Weitsicht und sein Mitgefühl zu vergrößern. Wenn man aufmerksam meditiert, lernt man, dass man durch die Fähigkeit, über das Schicksal anderer traurig zu sein, offener wird für die Welt. Es geht darum, einen guten Mittelweg zu finden: sich weder von der eigenen Subjektivität völlig vereinnahmen zu lassen noch sie zu leugnen. Weisheit findet man überall. Die Forscher einer neuen psychologischen Richtung, der »Positiven Psychologie«, stellen zu diesem Thema sehr interessante Untersuchungen an. Sie bitten beispielsweise eine Gruppe aus Männern und Frauen, auf einen Satz wie den folgenden zu reagieren: »Ein 15-jähriges Mädchen möchte heiraten. Was halten Sie davon?« Sie können sich nicht vorstellen, wie unterschiedlich die Antworten ausfallen! Viele reagieren negativ: »15 Jahre? Was für ein Wahnsinn! Dieses Kind muss schlecht behandelt worden sein.« Oder: »So etwas kann sich nur in einer furchtbar unterentwickelten Gesellschaft abspielen.« Man erhält aber auch Antworten wie: »Sie wird gute Gründe dafür haben«, oder: »Ihre Eltern sind vielleicht tot, und sie hat jemanden gefunden, der ihren Lebensunterhalt sichern kann«, oder sogar: »Vielleicht wird sie bald sterben und möchte vorher noch heiraten, weil es für sie und ihren Freund eine besondere Bedeutung hat.« Die zweite Art von Antworten kann man als weise bezeichnen. Wir leben in einer Zeit, in der man gegenüber potenziellen »großen Weisen« misstrauisch ist, aber genau deshalb sollten wir den vielen kleinen alltäglichen Fällen von weisem Verhalten besondere Beachtung schenken, dem von älteren wie dem von jüngeren Menschen. Ich persönlich habe zum Thema »Weisheit« auf diese Weise viel gelernt, von meinen Patienten, meinen Freunden, meinen Kindern und von Unbekannten, die ich unbemerkt beobachtet habe ...

Spiritualität bedeutet, Dinge, die über unseren Verstand gehen, zu akzeptieren und zu schätzen

N. C.: Lehnen Sie persönlich den Begriff »Spiritualität« ab?

C. A.: Nein, eigentlich finde ich ihn sehr treffend. Für mich hat er sogar zwei Bedeutungen: eine persönliche und eine medizinische. Man darf als Psychiater und Psychotherapeut heute von Spiritualität sprechen, wenn auch nur sehr vorsichtig und unter einem rein wissenschaftlichen Aspekt. Wir wissen, dass Patienten, die versuchen, ihrem Leben einen Sinn jenseits des Materiellen zu geben, in der Regel besser zurechtkommen als Patienten, für die diese Grenze unüberwindbar scheint. Diesem Thema habe ich ein ganzes Kapitel meines letzten Buches gewidmet: Rein materialistische Gesellschaften wie die unsere sind in gewisser Weise psychotoxisch, sie fügen uns Schäden zu. Aus dieser Perspektive betrachtet verschafft uns die Suche nach dem »Spirituellen« eine gewisse Erleichterung. Natürlich spreche ich hier nicht von Kirchen, Dogmen oder Sekten …

N. C.: Sie sprechen von »weltlicher Spiritualität«?

C. A.: Ja, richtig. Tatsächlich ist es nicht leicht zu definieren, was man unter »Spiritualität« genau versteht. Sagen wir einmal, und das gilt sowohl für mein persönliches als auch für mein professionelles Verständnis, es handelt sich um einen Begriff, der bedeutet, loszulassen, Demut zu zeigen und das Mysterium der menschlichen Existenz und des gesamten Universums zu akzeptieren. Ein Mysterium, nicht einfach nur ein Rätsel, das man lösen kann. Es fällt mir schwer, noch mehr zur theoretischen Definition zu sagen, da ich weder Philosoph noch Theologe bin. Im täglichen Leben und bei meiner Arbeit in der Klinik beobachte ich jedoch immer wieder Verhaltensweisen, die mir »spirituell« erscheinen. Die Suche nach einer gewaltfreien Verständigung. Das Bedürfnis, die Gefühle anderer zu verstehen. Oder auch die Fähigkeit, einfach nur präsent zu sein und seine Stimmungen in sich wirken zu lassen. Wenn ich eine Beerdigung sehe, nehme ich mir einen kleinen Moment Zeit, um mir zu sagen: »Da ist jemand von uns gegangen. Eines Tages werde ich an der Reihe sein. Wäre das schon heute, hätte ich dann all meine Aufgaben erfüllt?« Bin ich in der Lage, mich intensiv mit den wesentlichen Fragen zum Mysterium aller Dinge zu beschäftigen? Kann ich Dinge aufmerksam betrachten, innehalten bei einem Grashalm, einem Baum, einem hüpfenden Vogel? Nicht nur weil das schön anzusehen ist, sondern auch deshalb, weil schon vor 10 000 Jahren Menschen diese Dinge bewundert haben, und in der Hoffnung, dass es auch in weiteren 10 000 Jahren noch Menschen gibt, die es tun werden. Und ich, was wird aus meinem Staub bis dahin geworden sein? Alles, was über den eigenen Verstand geht, als unvorstellbar akzeptieren, ohne Angst davor zu haben und ohne es beherrschen zu wollen. Das kann man lernen. Natürlich kann man sich auch auf die leidenschaftliche Suche begeben, um mehr darüber herauszufinden oder an die Wissenschaft glauben, das steht in keinerlei Widerspruch zueinander. Die Vorstellung vom

Tod ist *a priori* destabilisierend, ganz besonders aber für Menschen, die nie darüber nachdenken, diejenigen eben, die über keinerlei Spiritualität verfügen! Auch demgegenüber, was wir nie verstehen werden, völlig gelassen zu bleiben, steigert unser Wohlbefinden unermesslich.

N. C.: Ich würde das Gespräch gerne mit zwei Zitaten aus Ihrem Buch abschließen. Das erste stammt von Jean Anouilh: »Ich weiß, was Sie mir sagen werden: Sie müssen in sich gehen. Ich bin schon mehrmals in mich gegangen. Bloß dass da niemand war. Also habe ich es nach einer Weile mit der Angst zu tun bekommen und bin schnell wieder aus mir herausgetreten.« Das zweite ist von Meister Eckhart: »Gott kommt uns sehr oft besuchen, aber meistens sind wir nicht zu Hause.« Könnte man zusammenfassend sagen, dass Sie uns raten, von dem einen Zustand in den anderen überzuwechseln?

C. A.: Anouilh beschreibt sehr treffend eine allgemeine Tatsache: Es fällt uns schwer, über uns selbst nachzudenken. Meister Eckhart wiederum erteilt uns eine wichtige Lektion, die wir gerne an unsere Patienten weitergeben, wenn wir ihnen beibringen zu meditieren. Aber natürlich geht uns das alle etwas an. Gott, der uns besuchen will? Das ist doch auch ein Freund, der mit uns spricht, und wir hören ihm nicht zu, weil wir an etwas anderes denken. Oder wenn wir unserem Kind abends eine Geschichte erzählen, aber nicht wirklich bei der Sache sind, weil uns Sorgen plagen. Achtsamkeit ist hier die Fähigkeit sich selbst zu sagen:

»Ich bin gerade dabei, meinem Kind eine Geschichte zu erzählen. Das ist ein unglaublich kostbarer Moment.« Oder: »Mein Freund vertraut sich mir an. Ich höre ihm zu und versuche ihm so gut wie möglich zu helfen. Es ist großartig zu leben und hier beisammen zu sein.« In solchen Momenten streift Menschen, die offen dafür sind, ein Hauch des Überirdischen. Diese schlichten Momente sind die Höhepunkte unseres Lebens.

Über den Autor

Christophe André ist Psychiater und Psychotherapeut am Hôpital Sainte-Anne in Paris und gilt als einer der renommiertesten Psychologen Frankreichs. Zusammen mit François Lelord schrieb er Bestseller wie »Der ganz normale Wahnsinn« und »Die Macht der Emotionen«. Im Kailash Verlag erschienen von ihm die Bücher »Die Geheimnisse der Therapeuten« sowie »Die schöne Kunst des Innehaltens«.